CRÉER
SON ENTREPRISE

Autres ouvrages des auteurs

Pascal Le Guern

- *Transmission d'entreprise, achat, donation, vente*,
Éditions Jacob-Duvernet.

- *Savoir Communiquer avec la Presse – Guide de media-training et règles de prise de parole en public* , Éditions Maxima.

Pascal Le Guern

Guillaume Cairou

CRÉER SON ENTREPRISE

Les clés de la réussite, par des entrepreneurs

Étudiants, indépendants, auto-entrepreneurs, artisans, repreneurs, futurs franchisés, porteurs de projets innovants, demandeurs d'emploi...

ÉDITIONS Jacob-Duvernet

Remerciements

À l'équipe précieuse qui me fait avancer et à mes salariés qui m'inspirent quotidiennement.

À Florian Silnicki, Jacky Isabello, Jean-Bernard Chardel, Laétitia Pomarat, Maxime, Sabine, Candice et Priscille.

Avant-propos
Tous entrepreneurs !

Démarrer son activité est une expérience qui mobilise des atouts aussi bien professionnels que personnels et relationnels. En effet, la persistance d'un entrepreneur et sa capacité à mobiliser un réseau de connaissances sont au moins aussi importants que sa faculté à définir un produit innovant ou à analyser un marché. Ainsi, il est courant que des entrepreneurs se sentent à l'aise dans un domaine de compétences spécifique. Dans un même temps, ils risquent de passer à côté du succès pour avoir sous-estimé d'autres aspects de l'entrepreneuriat. Par exemple, de nombreux porteurs de projets ont des connaissances suffisamment pointues pour formuler une offre compétitive, voire pour créer un marché, mais ils manquent de compétences commerciales ou managériales pour réussir à conquérir des clients ou à composer une équipe. Ce guide pratique rassemble alors les principaux aspects que l'entrepreneur doit développer ou surveiller pour multiplier ses chances de réussite.

Naît-on entrepreneur ou le devient-on ? Pour certains, l'entrepreneuriat est une évidence, alors que pour d'autres, il s'agit d'une opportunité à saisir ou d'un concours de circonstances. Le succès de l'entreprise ne répond quant à lui à aucune règle : il est à la fois inattendu et paradoxal. D'ailleurs, l'incertitude n'est-elle pas l'un des charmes de l'entrepreneuriat ? Ainsi, à défaut d'être capable de prévoir ou de provoquer le succès, l'entrepreneur peut mettre toutes les chances de son côté en suivant les conseils de ceux qui ont réussi avant lui. Existe-t-il des conseils sur lesquels tous les experts se mettent d'accord ? Quels sont les aspects sur lesquels l'entrepreneur doit porter son attention ? Quelles sont les priorités à fixer ? Quels sont les critères à prendre en compte pour faire des choix ? Par où commencer lorsque tout est à faire ?

Ce guide s'inscrit dans une démarche de partage d'expériences afin d'optimiser les chances de succès de tous : étudiants, indépendants, auto-entrepreneurs, artisans, repreneurs, futurs franchisés, porteurs de projets innovants, demandeurs d'emplois .... Il repose sur des témoignages d'entrepreneurs à succès faisant figure de référence dans leurs secteurs d'activité.

Guillaume Cairou
Pascal Le Guern

Table des matières

Chapitre 3

Se faire accompagner : aides et réseaux de soutien

Chapitre 4

Financer son projet

Chapitre 5

Démarrer son entreprise

Les étapes incontournables

Chapitre 6

Reprendre une entreprise

Chapitre 7

Développer son entreprise

Conseils pratiques pour réussir

Annexes

Dossier

Introduction

Créer son entreprise

De l'idée au projet

Chiffres de la création d'entreprise

Notons avec satisfaction le nouveau record de créations d'entreprises atteint en 2010 qui marque un signal très encourageant en période de sortie de crise : sur l'ensemble de l'année, plus de 622 000 entreprises ont été créées en France, soit +7,2 % de plus que l'année précédente. Parmi ces nouvelles entreprises, 360 000, soit 12,5 % de plus qu'en 2009, sont des auto-entrepreneurs. Ce record de la création d'entreprise constitue un quasi doublement par rapport à la situation qui prévalait avant la mise en œuvre de la LME (331 000 créations d'entreprises en 2008). La France est en train de devenir un pays d'entrepreneurs. Avec plus de 30 % des Français qui envisagent de se mettre à leur compte, on voit bien qu'il se passe quelque chose d'important dans l'esprit des Français.

L'idée, c'est le point de départ de tout créateur d'entreprise. Il s'agira de mettre en forme cette idée avec une attention toute particulière puisqu'elle constituera le point de départ de l'histoire que vous pourrez bientôt raconter à vos proches, vos clients et vos prospects. Souvent, nous le verrons, c'est l'idée couplée à une volonté d'indépendance qui pousse le créateur d'entreprise à franchir le pas de la création d'entreprise.

Devenir entrepreneur : un état d'esprit

1. Savoir quelle est sa motivation

Selon le *Global Entrepreneurship Monitor*, les entreprises sont créées soit par nécessité pour se créer son propre emploi, soit par opportunité parce qu'il existe une possibilité de nouveau marché ou produit. Dans les deux cas, dès qu'il est question d'entrepreneuriat, une constatation fait généralement l'unanimité : la création d'entreprise mobilise l'entrepreneur à temps plein. Par conséquent, avant de se lancer, il est important de se préparer à devoir sacrifier quelques soirées, week-ends ou loisirs pour se consacrer pleinement à son projet. Un tel dévouement demande une motivation profonde et sincère que l'entrepreneur devra trouver en lui et transformer en une source inépuisable d'énergie.

Le premier conseil porte donc sur un aspect très personnel : il s'agit d'avoir conscience des enjeux et de savoir quels sont ses objectifs et quelle est sa motivation.

Chaque entrepreneur a sa propre définition du succès et de la réussite, selon ses objectifs professionnels et personnels. L'objectif peut être formulé en termes quantitatifs, comme par exemple avoir la satisfaction de créer des emplois, ou bien d'ouvrir de nombreuses filiales en région ou à l'international. D'autres visent plutôt des aspects qualitatifs. Dans ce cas, ils recherchent dans la création d'entreprise un sentiment de bien-être et de liberté, ou encore l'impression d'avoir leur destin entre leurs mains. Ils désirent être créateurs de leur avenir qu'ils souhaitent bien sûr le plus prospère possible. Autrement dit, cela leur permet de ne pas avoir à subir de pressions et échapper à l'autorité d'un chef.

Pour certains entrepreneurs à succès, l'argent n'est pas nécessairement la motivation la plus opportune, car il n'est pas du tout garanti que les revenus augmenteront après la création.

Il est également intéressant de se projeter dans le futur : certaines personnes créent des sociétés une année et les cèdent l'année d'après. D'autres travaillent dans la durée et visent une croissance continue. Cette perspective est également déterminante pour planifier ses actions et prendre les bonnes décisions.

La motivation est source d'énergie, mais également cruciale pour savoir comment gérer les projets ou manager une équipe.

Finalement, vous l'avez compris, c'est cette motivation qui permettra à l'entrepreneur de construire son succès.

2. Oser la différence

Pour parvenir à conquérir un marché et à connaître le succès, il est généralement conseillé de faire la différence. La plupart du temps, cette différenciation se traduit au niveau du produit, du prix ou du service. Mais l'état d'esprit de l'entrepreneur est également un aspect à même de révolutionner un marché : pour pouvoir saisir la nouveauté et l'innovation, mieux vaut être capable de penser autrement.

Dans la création d'entreprise, les diplômes sont donc un atout mais ne sont pas pour autant une condition à la réussite. D'autre part, l'intuition de savoir reconnaître ou anticiper les besoins des consommateurs afin de lancer le bon produit au bon moment ne s'apprend ni dans les écoles ni à l'université. Il s'agit bien plus d'une faculté d'observer, de comprendre et d'anticiper. La réussite ne passe pas par une méthode rationnelle.

Les entrepreneurs à succès incitent les créateurs à ne pas suivre une voie toute tracée, à prendre de la distance, à observer, à réfléchir sur leur marché, voire sur la société.

Cette capacité à penser différemment et à oser est également une ressource que l'on peut mobiliser lors de transitions professionnelles.

3. Être convaincu

L'un des conseils les plus prônés par les entrepreneurs à succès porte sur la force de conviction : les créateurs doivent croire en leur projet pour réussir. Bien sûr, il est souhaitable d'avoir un entourage compréhensif partageant la même motivation. Mais, à un moment ou à un autre, le créateur sera forcément confronté à des avis négatifs, à des personnes anxieuses ou appréhensives. Dans ce cas, il est crucial de ne pas se laisser dissuader.

La conviction du chef d'entreprise est fondamentale car il représente aux yeux des gens à la fois le moteur et l'ambassadeur de l'entreprise. Son humeur sera l'indicateur de la santé de l'entreprise et sera perçue par les investisseurs, les financeurs, les clients, etc.

L'entrepreneur doit donc se préparer à transmettre sa détermination et sa conviction aux autres. Par conséquent, son enthousiasme et son énergie sont aussi importants que sa rigueur. En revanche, certains entrepreneurs peuvent être plus visionnaires et créatifs, alors que d'autres sont plus opérationnels et proches du client ou du terrain. Mais, de manière générale, un chef d'entreprise qui n'est pas passionné, enthousiaste et qui ne croit pas avec une forte conviction en son projet – même s'il a des doutes – aura peu de chances de réunir les conditions de la réussite.

4. Ne pas se mettre de limites

L'entrepreneuriat est une aventure qui demande d'avoir des idées, de l'endurance, des savoir-faire, etc. Face à de telles exigences, beaucoup de personnes seraient tentées de renoncer à leur projet, soit parce qu'elles préfèrent passer plus de temps à se préparer, soit parce qu'elles ne s'en sentent tout simplement pas capable. Faut-il être parfait pour entreprendre ?

La réaction des entrepreneurs à succès est catégorique : il n'y a pas besoin d'être un génie pour entreprendre, c'est à la portée de tout le monde. En d'autres mots, il ne faut pas se mettre de limites, et, au contraire, apprendre à faire taire ses doutes. Pour ce faire, le meilleur conseil est de garder en tête qu'il n'y a pas d'entrepreneur parfait.

Certaines personnes ont du mal à se voir comme des entrepreneurs, par exemple lorsque ce n'est pas quelque chose de répandu dans leur famille.

Pour éviter de paniquer et de s'imaginer que la création d'entreprise est une montagne infranchissable, il est conseillé d'atomiser les tâches à effectuer. Concrètement, si une idée vous anime, essayez de la traduire en actions concrètes à effectuer, en rendez-vous à prendre, en rapports à rédiger, etc. Cette approche permet de dédramatiser et de savoir par où commencer. La réussite ne vient pas d'un coup lorsque l'idée apparaît mais est le fruit d'un travail et de rencontres. Il est donc important de se lancer et de se laisser entraîner par la dynamique.

5. S'organiser

Enfin, dans la phase de préparation ou de lancement, l'organisation est un point qui peut faire la différence. En effet, avec ou sans financement, il est généralement conseillé de surveiller ses dépenses et de donner la priorité aux investissements.

Certains entrepreneurs recommandent ainsi de travailler de chez soi, notamment pour éviter des frais inutiles. Si on ne peut pas travailler chez soi parce que ce n'est pas toujours confortable, on peut prendre un bureau chez un collègue entrepreneur ou chez des amis. Cette option a aussi un effet très vertueux de favoriser un partage d'expériences avec d'autres professionnels. ■

Avez-vous le bon profil ?

Des parcours différents et parfois inattendus

Répondons tout net à cette question provocatrice. En effet vous avez forcément le bon profil pour créer votre entreprise ou devenir indépendant car nous pouvons tous devenir entrepreneurs. Bonne nouvelle : en quelques années, le nombre des candidats qui se sentent le profil pour cette formidable aventure s'est fortement accru. En effet, depuis dix ans, le nombre de Français qui osent est passé de 167 000 (en 1997) à 622 000 (en 2010). C'est dire si le point essentiel est avant tout une solide motivation. Les entreprises se créent pour près de la moitié sous la forme d'auto-entrepreneurs, ce qui montre à quel point ce régime a libéré la vocation entrepreneuriale des Français.

Repères
43 % des créateurs possèdent au moins un diplôme universitaire du premier cycle.

La parité entre hommes et femmes, elle, est bafouée par les créateurs. En effet, selon les enquêtes SINE réalisées par l'INSEE, plus de 70 % d'entre eux, encore aujourd'hui, sont des hommes alors même qu'ils ne représentent que 52% de la population active. La grande majorité des entreprises créées se concentre dans les secteurs des services aux entreprises et aux particuliers et du commerce. Toutefois, le très fort dynamisme de l'économie dans le bâtiment et l'immobilier a provoqué dans ces secteurs les plus fortes augmentations de ces deux dernières années.

À quel âge fait-on un bon créateur ?

Difficile d'affirmer en revanche que le talent « n'attend pas le nombre des années ». En effet, les nouveaux créateurs sont 63 % à se répartir dans une tranche d'âge comprise entre 30 et 49 ans. Seuls 9 % se lancent avant de fêter leurs 25 ans.

Faut-il être riche pour créer… et le devenir plus encore ? Là encore, la révélation est encourageante puisque nous savons que 76 % des nouveaux entrepreneurs investissent moins de 15 000 euros. Les mieux dotés, soit 11 % du total, disposent de plus de 37 500 euros.

Qu'est-ce qui vous fait courir de la sorte ?

L'enquête SINE* est révélatrice : devenir indépendant, c'est la motivation numéro 1 qui conduit les Français à franchir l'ensemble des obstacles qui se présentent à eux pour créer leur entreprise. Loin d'eux à cette étape l'idée de gagner beaucoup d'argent. Créer son entreprise, c'est devenir indépendant, ne plus avoir à rendre de comptes à des supérieurs hiérarchiques.

Entreprendre, c'est aussi savoir assumer les risques de l'indépendant, notamment financiers. Mais c'est avant tout savoir dépasser sa peur de l'échec pour construire quelque chose qui nous dépasse et vivre une aventure humaine forcément d'une richesse inégalée.

Être indépendant reste la première des raisons invoquées par les créateurs (61 % en 2010 après 60 % en 2006). La deuxième, le goût d'entreprendre et le désir d'affronter de nouveaux défis, est plus fréquemment citée qu'en 2006 (44 % après 39 %). Puis vient la perspective d'augmenter ses revenus (27 % en 2010 après 25 % en 2006). Le chômage est moins cité qu'en 2006 (24 % en 2010 après 28 % en 2006). Par ailleurs, certains ont saisi l'opportunité qui s'est présentée à eux (22 % en 2010 après 16 % en 2006). 14 % (après 13 % en 2006) avaient une idée de produit, service ou marché à développer. 9 % (après 7 % en 2006) avaient un exemple réussi d'entrepreneur dans leur entourage. Enfin, pour 8 % (après 9 % en 2006), c'était la seule possibilité d'exercer leur métier.

Comme en 2006, 64 % des créateurs de 2010 ont comme objectif d'assurer leur propre emploi, 22 % de développer leur entreprise en termes d'emploi et 14 % en termes d'investissement (mêmes proportions qu'en 2006).

---

* Source SINE, INSEE, 2011.

Repères

Osez créer dès votre CAP ou BEP obtenu, car au regard de la loi, tous les critères de qualification sont remplis si vous en êtes titulaire. Lancez-vous sans écouter l'ensemble des réticents qui vous entourent et qui s'exprimeront immanquablement à l'énoncé de votre projet.

À savoir

1/3 des entreprises sont créées par une personne au chômage. Ces entreprises ne réussissent pas moins bien que les autres. Les chômeurs créent plus largement sous la forme d'entreprise individuelle et dans le secteur des services. La taille de leur entreprise est également plus modeste, notamment lorsqu'il s'agit d'embaucher. Une entreprise nouvelle crée en moyenne un poste salarié, mais ce chiffre est divisé par deux lorsque l'entrepreneur est demandeur d'emploi au moment de la création de l'entreprise.

AVANT DE CRÉER LEUR ENTREPRISE, UNE MAJORITÉ DE CRÉATEURS ÉTAIENT AU CHÔMAGE OU SALARIÉS DU SECTEUR PRIVÉ

Avant de créer leur entreprise, 1/3 des créateurs étaient au chômage (22 % depuis moins d'un an et 11 % depuis plus d'un an), et presque un tiers salariés (28 % du secteur privé et 4 % du secteur public). Près d'un quart des créateurs étaient indépendants ou à leur compte (14 %) ou chefs d'entreprise salariés ou PDG (9 %). Pour le reste, 6 % étaient sans activité professionnelle, 3 % étudiants ou scolaires et 2 % retraités. La part des chômeurs est la même chez les hommes et les femmes, et elle varie peu d'un secteur d'activité à l'autre, à l'exception du transport (41 % de chômeurs, dont 16 % depuis plus d'un an) et de l'enseignement, de la santé et de l'action sociale (18 % seulement).

Les créateurs de 2010 comptent une plus grande part de chefs d'entreprise, indépendants ou à leur compte que ceux de 2006 (24 % après 15 %) mais moins de chômeurs (33 % après 41 % en 2006).

Enfin, s'il n'existe aucune recette miracle pour réussir, les atouts constituant les facteurs clés de succès des entreprises observées mettent en évidence la motivation à le faire, la maîtrise d'un métier ou d'une activité, la formation, et le fait que l'entrepreneur ait grandi ou qu'il gravite dans un milieu entrepreneurial. ■

La règle d'or du créateur : se faire conseiller

Il n'existe pas de Tables de la Loi du créateur, sauf celles de se faire conseiller. Seuls 23 % des nouveaux entrepreneurs ont fait appel à cinq heures de conseil au moins, et c'est malheureusement insuffisant. Pourtant, 33 % d'entre eux sortent d'une situation de chômage. C'est une période propice pour suivre une formation et trouver des réponses aux nombreuses questions qui viendront les tarauder.

À noter que les deux premières causes de défaillance sont le manque de connaissances techniques du dirigeant et des choix stratégiques inadéquats.

Est-ce si compliqué ?

Chasser les idées reçues

1 Français sur 2 souhaite créer un jour son entreprise… Vous voulez être libre, ne dépendre de personne, organiser vos horaires comme vous le souhaitez ? Vous êtes prêt à travailler pour gagner plus d'argent ? Vous rêvez de faire les choses que vous aimez et vous avez une super idée ? C'est évident, vous avez le profil pour lancer votre entreprise !

Mais êtes-vous sûr de vos motivations ? Votre vie va changer : le supporterez-vous ? Vous allez souvent vous sentir seul. De la préparation de votre nouveau statut au passage à l'acte, cet ouvrage a pour objectif de vous accompagner dans toutes les étapes de la création en passant en revue les questions essentielles : comment trouver une bonne idée, les contacts adéquats, les pistes de financement, les réductions fiscales et les pièges à éviter. De nombreux cas pratiques et témoignages viennent éclairer votre aventure.

Oui, créer demande du courage. Non, le parcours du combattant n'existe pas. Il faut certes du temps pour bien se renseigner, mais partir en vacances ou aider ses enfants dans leur parcours scolaire relève des mêmes chemins initiatiques. Que lève la main celui qui, collaborateur d'un grand groupe, n'a pas vu les sommes d'énergie dépensées (parfois gaspillées) pour flatter son supérieur ! Alors si une fois, lors de vos démarches, un fonctionnaire trop zélé vous agace, pensez à l'exaltation qui vous attend quand vous mettrez en œuvre vos idées, élaborerez votre culture d'entreprise, choisirez vos collaborateurs, et surtout lorsque vos clients satisfaits vous remercieront.

Si vous enviez cette indépendance et si vous voulez prendre en main votre destin, rejoignez la grande famille des entrepreneurs ! ■

C'est facile !

D'où vient ce fameux climat de peur, d'angoisse, cette rengaine sur la galère du créateur ? Comme souvent, on mélange, on fantasme et, *in fine*, on complexifie tout, amenuisant ainsi, avant même de se lancer, sa capacité créatrice ! Ce guide a l'ambition de vous convaincre que l'acte de créer n'est nullement compliqué.

Le parcours d'un entrepreneur

Philippe Bloch, fondateur de Colombus Café

« Ça ne marchera jamais ! » S'il avait écouté son entourage et les banquiers, Philippe Bloch ne se serait jamais lancé dans l'aventure de la création d'entreprise.
L'histoire, riche d'expériences, débute en 1994. Il décide de réinventer le café en lançant Columbus Café, première chaîne française d'espresso-bars.

Racontez-nous l'histoire de votre création d'entreprise…

Coauteur en 1986 du best-seller *Service compris*, vendu à 500 000 exemplaires, j'avais déjà, dans la foulée du succès du livre, créé avec un associé une première entreprise de conseil et de formation. Réussite immédiate. Mais j'ai découvert Starbucks Coffee aux États-Unis en 1993, qui n'y possédait encore « que » 200 points de vente et venait d'y réinventer le café. Le lieu autant que le produit. Séduit par le concept et persuadé de son futur succès planétaire, j'ai décidé de me lancer sur ce marché et de créer la chaîne Columbus Café, avec pour objectif de prendre l'avantage du premier attaquant sur le marché français. Ce que j'ai réussi, puisque mon enseigne comptait près de 40 points de vente lorsque j'ai été contraint d'en abandonner la présidence en juin 2004, quelques mois après l'arrivée en France du géant américain.

Quels sont les facteurs qui ont déclenché cette envie d'entreprendre ?

Malgré le succès de ma première entreprise, j'éprouvais la frustration du consultant. Par ailleurs, j'ai toujours été persuadé que c'est quand ça va bien qu'il faut changer. J'avais soif de croissance et envie de mettre en pratique mes convictions en matière de management et de qualité de service… Dans ce contexte, ce concept émergent d'espresso-bar me paraissait idéal pour me réinventer.

---

* Auteur de *Bienheureux les Fêlés... Tout le monde peut créer son entreprise* (Paris, Robert Laffont, 2003).

Comment avez-vous préparé cette création ?

J'ai très vite arrêté d'écouter tous les oiseaux de malheur qui ne croyaient pas au concept, et préféré suivre ma seule intuition. Je n'ai pas hésité à m'entourer des meilleurs conseils (expert-comptable, designer, architecte, agence de relations presse, etc.). Résultat : le jour même de son lancement, Columbus faisait la une des médias, persuadés qu'une puissante enseigne américaine venait de débarquer en France !

Vous êtes-vous fait aider ? De quelle manière ?

J'ai eu la chance de pouvoir utiliser toutes les ressources et la structure de mon entreprise de conseil pour démarrer Columbus. Ce qui n'a d'ailleurs pas eu que des avantages. Ses excellents résultats commerciaux et financiers m'ont en effet permis de démarrer dans un réel confort, sans me soucier de la rentabilité immédiate de mon projet. Aux premières difficultés, le réveil a donc été rude. Et j'ai été obligé de « penser autrement » pour rebondir et relancer la machine, après l'échec initial des deux premiers points de vente. Heureusement, l'imagination reprend toujours le pouvoir, quand on n'a plus d'argent. Une belle leçon d'humilité, qui m'a notamment enseigné que la contrainte crée le talent…

Quels sont les pièges à éviter dans une création d'entreprise ?

Se lancer par raison plutôt que par passion, avoir comme principal objectif de gagner beaucoup d'argent, craindre la solitude, s'offrir le luxe de douter en permanence, être incapable de travailler deux fois plus qu'avant pour un revenu… deux fois inférieur, écouter tous ceux qui vous expliquent que ça ne marchera jamais, ne pas aller au bout de son rêve parce qu'une étude de marché n'a pas validé son intuition, établir un Business plan trop optimiste, penser qu'il faut de la chance pour réussir, et surtout abandonner aux premières difficultés. Ma devise : « Winners never quit. Quitters never win » (Ceux qui gagnent n'abandonnent jamais. Ceux qui abandonnent ne gagnent jamais).

> ***Aux premières difficultés, le réveil a été rude. J'ai été obligé de « penser autrement » pour rebondir et relancer la machine…***

Contact :

www.philippebloch.com

www.bienheureuxlesfeles.com

Chapitre 1

Préparer son projet : les aspects économiques et financiers

L'idée. Le couple homme/projet

Se connaître pour trouver le bon créneau

Repères
Vous trouverez également dans ce guide des idées d'ailleurs qui marchent et qui ne demanderaient qu'à se développer en France (voir p. 174).

L'idée est à la base de tout, mais elle n'est absolument pas la garantie du succès. Elle peut voir le jour pour donner vie à une activité connue (commerce traditionnel), à une activité imaginée par d'autres, telle que la concession.

Elle peut aussi être l'expression d'une opportunité et donner lieu à son exploitation sur un marché de niche. En outre, les opportunités sont légion lorsque l'on est pleinement immergé dans son activité professionnelle. Vous pourrez ainsi créer quelque chose de nouveau ou bien apporter une innovation à un produit ou un service existant. Enfin, l'ultime idée, le fantasme secret de chacun, consiste à inventer.

Cette pyramide des idées renferme une question essentielle : celle de l'existence d'un besoin chez des clients potentiels. Attention, plus vous franchissez les seuils de la nouveauté, plus il faudra vous poser la question de savoir à quel moment vous tombez dans l'abîme de la « fausse bonne idée ».

La fameuse bulle internet des années 2000 a souvent offert des exemples de ce type. Le plus grave réside dans les financements massifs offerts pour les développer. Dites-vous bien cela : ce temps est définitivement révolu.

Le site de l'APCE (www.apce.com) contient une rubrique originale, « 1 001 idées pour entreprendre», afin d'aider ceux dont la créativité n'est pas la qualité première. De plus, pour vous éviter de vous sentir frustré par un vide d'idée, il existe de nombreux magazines qui vous permettront d'identifier un secteur d'activité capable de vous séduire et de vous convaincre d'entreprendre.

Une des clés de la réussite : la cohérence entre moi et mon projet

Avant de parler économie, droit et finances, il est indispensable de vous regarder en face. À l'instar de votre passage devant un notaire pour celles et ceux qui ont choisi le mariage, puisqu'on vous demande d'évoquer les hypothèses offertes à vous en cas de divorce, vous devez absolument, lorsque vous souhaitez créer une entreprise, faire le point sur vos contraintes, vos objectifs personnels et vos compétences.

LE COUPLE HOMME/PROJET

Quelles sont vos contraintes ? Il est utile de savoir si votre entourage, et surtout votre conjoint, adhère au projet. Calculez le montant de vos charges de familles. Vous devez évaluer si votre situation financière permet une baisse de revenu lors du lancement de l'entreprise et combien de temps vous pouvez tenir à ce régime.

Enfin – et c'est un point trop souvent laissé de côté, comme nous le verrons à la fin de l'ouvrage –, votre santé tant psychologique que physique doit faire l'objet d'un bilan afin de déterminer sa compatibilité avec la vie d'un créateur d'entreprise. ■

Quelques questions à se poser avant de se lancer…

Quels sont vos objectifs personnels ?

- Souhaitez-vous devenir indépendant, prendre une revanche sur une mauvaise expérience, acquérir un nouveau statut social ou assouvir une passion enfouie ? Sur ces points, votre objectivité vous rendra service dans l'appréciation de vos forces et de vos faiblesses enfouies.

Quelles sont vos compétences ?

- Avez-vous le parcours nécessaire à la réussite de votre projet, l'expérience et le potentiel pour assumer toutes les charges liées à l'exercice de la fonction de chef d'entreprise ?
- Êtes-vous prêt à vous associer ? Avec quel profil d'associé êtes-vous compatible et selon quelles modalités d'exercice des responsabilités ?

Les enquêtes menées auprès d'entrepreneurs montrent clairement l'importance de ces différents points dans l'appréciation des chances de succès d'une entreprise.

Repères

Trop souvent oubliée, cette phase de mise en cohérence entre vous-même et votre projet d'entreprise doit absolument être menée. Nous pourrions même dire qu'elle doit se tricoter plus consciencieusement que toute autre, car elle déterminera votre capacité d'engagement, vos forces et faiblesses et, enfin, de votre passage à l'acte.

Le portail de la création d'entreprise

René Ricol, président d'honneur de l'APCE, et Jean-Claude Volot, président de l'APCE

L'Agence pour la création d'entreprises (APCE) est une association créée à l'initiative des pouvoirs publics. Véritable observatoire, elle informe et oriente depuis plus de 20 ans tous ceux qui veulent se lancer dans l'aventure de l'entrepreneuriat. Elle le fait notamment en développant sur son site internet www.apce.com des produits et services à destination des entrepreneurs et apporte une aide significative à tous ceux qui, d'une façon ou d'une autre, accompagnent la création d'entreprises.

Que trouve-t-on sur ce site internet ?

On trouve sur ce site toutes les informations nécessaires à la formalisation de son projet. Que votre envie soit de créer ou de reprendre une entreprise, www.apce.com vous permet de réaliser votre étude de marché, bâtir votre Business plan, choisir votre statut juridique, connaître les principales aides dont vous pouvez bénéficier, notamment en matière de financement, constituer votre dossier en ligne, trouver le ou les professionnels qui vont vous accompagner dans vos démarches. Il y a aujourd'hui plus de 550 000 nouvelles créations d'entreprises en France par an. Tous les projets n'aboutissent pas et pas toujours pour les bonnes raisons. Seuls 31 % des créateurs se font aider par les structures d'accompagnement et 23 % par des spécialistes (expert-comptable, juriste...). Or il est prouvé qu'à chaque fois qu'un créateur est soutenu par une structure d'accompagnement, ses chances de réussite sont nettement améliorées. Il y a donc encore des progrès à faire à ce niveau.

Quels sont actuellement les objectifs de l'APCE pour développer la création d'entreprise ?

Aider plus de gens et encore mieux. Le site fait partie des portails les plus visités en France avec plus de 9 000 000 de visiteurs distincts en 2011.

Nous nous attachons à être le site de référence en matière d'entrepreneuriat, qu'il s'agisse de l'émergence de l'idée, la construction du projet, le lancement de l'entreprise ou son primo développement. Les méthodologies proposées sur notre site concernent la création d'entreprises, mais aussi la transmission d'entreprises avec des outils dédiés accessibles pour les cédants potentiels comme pour les repreneurs.

Nous mettons tout en œuvre pour créer les conditions d'un dialogue personnalisé en ligne avec les créateurs, les repreneurs et les cédants de manière à identifier leurs attentes, optimiser leur orientation vers les réseaux d'appui, en suivant étape par étape le bon déroulement de leurs démarches.

Un autre pan important de notre activité est lié à la sensibilisation des jeunes à l'esprit d'entreprise et à l'entrepreneuriat. Nous recensons les actions menées dans l'enseignement et en assurons la promotion pour que tout enseignant puisse se référer à ses actions pour introduire l'entrepreneuriat dans son enseignement qu'il soit chargé des plus jeunes, qu'il exerce dans l'enseignement général, professionnel, technologique ou le supérieur.

Nous allons apporter un soutien spécifique à l'entrepreneuriat féminin. En France, il est plus facile pour un homme que pour une femme de réussir une création d'entreprise. Ce n'est pas le cas aux États-Unis : depuis 30 ans, 20 millions d'entreprises ont été créées outre-Atlantique par des femmes.

Quel est le profil du créateur ?

C'est très compliqué. En effet, certaines personnes sont entrepreneurs dans l'âme. Pour d'autres, le moteur de la création s'appelle l'indépendance. Elles ont une technicité, un savoir-faire et veulent être libres. Et puis il y a ceux qui n'ont ni une volonté réelle d'entreprendre, ni le désir d'être particulièrement indépendant mais qui veulent simplement créer leur propre emploi. Quand on les observe, à l'arrivée, on se rend compte que ces trois profils se débrouillent aussi bien les uns que les autres. Il n'y a donc pas de règle.

On dit souvent que créer une entreprise est un véritable parcours du combattant. Qu'en pensez-vous ?

Non, aujourd'hui si on veut créer une entreprise, c'est non seulement possible mais plus rapide que par le passé. Ce qui reste difficile pour l'entrepreneur, c'est le passage à l'acte. On a fait des progrès considérables pour aider les gens à inscrire leurs projets dans une démarche économique. Le créateur n'est plus seul : il peut s'appuyer sur une chambre de commerce et d'industrie, une chambre de

Je vais convaincre que la générosité, aujourd'hui, c'est créer ou reprendre. Car quand on crée de l'emploi, on résoud des difficultés pour les gens. En créant ou en reprenant une entreprise, on rend service à son pays, à ses concitoyens, à son environnement.

métiers et de l'artisanat ou faire appel à des organismes d'accompagnement, etc. Les questions sont soulevées plus tôt et les difficultés, si elles surgissent, peuvent trouver des solutions adaptées.

Quels conseils donner à quelqu'un qui veut créer son entreprise ?

D'abord lui dire qu'il a raison d'avoir envie. Ensuite lui dire de ne pas hésiter à se faire aider : il y a dans ce pays des systèmes d'appui à la création qui sont exceptionnels. Informations, conseils, financement... tout lui est accessible. Enfin, il ne faut pas mettre en péril la vie de la famille en hypothéquant la maison : les réseaux d'accompagnement sont là pour l'aider à trouver des financements sans mettre en péril ses économies.

Contact :

www.apce.com

L'étude de marché

Un recensement initial indispensable

Vous voilà donc au clair avec vous-même. Vous engagez dès maintenant votre premier acte de chef d'entreprise pour définir les caractéristiques de l'entreprise : produit, marché, réglementation et exercice.

Le marché, le produit : voilà les deux axes essentiels de l'étude de marché sur laquelle vous devez consacrer une partie importante de votre énergie de départ.

Votre produit : quel est-il ? Vous pouvez créer un avatar le caractérisant et en face duquel vous inscrirez les premières décisions à prendre ou les règles à se fixer. Allez-vous proposer un service, un produit dont les contraintes de nuisances sont fortes, un produit dépendant de la saisonnalité... Votre produit demande-t-il de l'assemblage ou un processus de fabrication ?

Votre marché : quelles sont les barrières à l'entrée pour s'imposer ? Les grands groupes sont-ils tout puissants ou le marché est-il atomisé, c'est-à-dire exercé par un grand nombre de concurrents ?

La réglementation : la France est grande productrice de barrières à l'entrée. Le rapport Cahuc-Kramarz (décembre 2004) pointe du doigt ces différentes typologies de réglementation. Trois types de réglementation contraignent l'exercice de votre entreprise. Ils sont liés aux diplômes, aux conditions d'accueil du public et à l'aménagement de locaux, tant pour le public que pour vos collaborateurs.

L'exercice : ce dernier point résulte des trois précédents. En effet, le financement de votre service

Repères

L'Europe n'est pas en queue de peloton sur le point de la réglementation. Vous avez sans doute en tête le débat sur le projet de directive Bolkestein. L'information la plus juste vous sera délivrée par les organisations professionnelles qui défendent les intérêts de la profession que vous visez.

ou de votre production est un axe central. Mais peut-être êtes-vous soumis à des contraintes particulières d'approvisionnement, de recrutement de profils de collaborateurs spécifiques ou liés à des activités à l'export ?

En bref, vous l'avez compris, il s'agit de faire en sorte que votre produit soit en adéquation avec le marché que vous aurez écouté en l'étudiant préalablement.

L'étude de marché vise à recenser l'ensemble des caractéristiques sociales, techniques, économiques, politiques, légales et financières de votre marché.

La connaissance du marché est un facteur clé de succès. Il est fondamental de se demander si ce qu'on va proposer intéressera ou non les clients.

La connaissance du marché est faite d'observation. Cette étape appartient nécessairement au créateur car ce sont ses conclusions qui permettront d'établir l'offre la plus pertinente. L'entrepreneur doit donc être constamment à l'écoute des tendances et besoins. Il est conseillé aux entrepreneurs de mener des enquêtes à la fois documentaires, mais également de rester attentifs et ouverts pour observer les détails qui feront la différence auprès de consommateurs. Cela revient à cerner les leviers de performance, à être visionnaire, créatif et opérationnel. Pour cela, la meilleure approche est sans doute de rester proche du client et du terrain.

De cette manière, le créateur élabore sa propre étude de marché. Les entrepreneurs à succès sont d'accord pour dire que cette étape ne peut être déléguée à des instituts d'études par exemple. La connaissance du marché repose à la fois sur des observations et sur des recherches concrètes, et sur une certaine intuition.

1. Connaître la concurrence

La connaissance du marché passe également par une idée précise de l'état de la concurrence.

Cette connaissance de la concurrence sert également à valider la solidité d'un projet, par exemple pour les dossiers de financement.

2. Tester son projet

Il est possible de travailler une idée ou un projet des années en apportant sans cesse quelques modifications. Cependant, un projet ne prend sa valeur que lorsqu'il est mis en pratique. Dans ce cas, rien ne sert de chercher la perfection de manière théorique, il est bien plus enrichissant d'observer la réaction de ses fournisseurs ou de ses clients pour, éventuellement, corriger son offre.

Autrement dit, tester son projet permet de l'adapter en cours de route. Les entrepreneurs à succès conseillent ainsi d'aller tester ses produits et d'aller les vendre. Il est vain de vouloir aboutir à une offre idéale et figée : la perfection est faite d'un renouvellement incessant pour accompagner constamment les évolutions du marché.

3. Saisir les opportunités

La création d'entreprise et le succès dépendent parfois d'opportunités qu'il faut s'empresser de saisir.

Par exemple, avoir été salarié dans le privé pendant plusieurs années permet de connaître un marché suffisamment pour savoir où est la demande. Dans ce cas, mieux vaut réaliser ce projet au plus vite, avant qu'un concurrent ne se positionne.

4. Entreprendre à l'international

Lorsqu'un marché national n'est pas prêt à accueillir une idée, il n'est pas forcément nécessaire de mettre son projet de côté et d'attendre. Entreprendre à l'international est une solution qui peut être source de succès.

La France n'a pas la réputation d'être un pays favorable à l'innovation et aux changements dans le domaine des entreprises. L'approche internationale est donc souvent mentionnée dans les conseils des entrepreneurs, que ce soit pour tester une idée ou pour étendre son activité. ■

Comment protéger son idée ?

Et quelles sont les limites de cette protection ?

Repères
L'INPI reçoit, examine et délivre les titres de propriété.
Elle tient les registres, diffuse l'information et élabore le droit de la propriété intellectuelle.
Pour en savoir plus, ainsi que pour toute autre question concernant la propriété industrielle, contactez l'Institut national de la propriété industrielle (26 bis, rue de Saint-Pétersbourg, 75800 Paris Cedex 08).
Pour vos questions sur la propriété industrielle : 0 825 83 85 87 (0,15 euro TTC/mn).
Pour vos questions sur la contrefaçon, ses dangers, les moyens pour s'en prémunir et se défendre : 0 820 22 26 22 (0,09 euro TTC/mn).
Site internet : www.inpi.fr

En tant que telle, une idée n'a aucune valeur bien qu'elle soit à l'origine de tout. Toutefois, ce qui relève de la création intellectuelle peut faire l'objet d'un droit de propriété.

Ce dernier vous garantit une reconnaissance vis-à-vis d'une communauté, une rétribution économique (comme les droits d'auteur) et l'exclusivité de ce que vous avez défini et protégé.

Ces principes définissent la « propriété intellectuelle » qui regroupe elle-même :

- **la propriété industrielle :** sans déclaration, point de propriété, c'est la première règle à retenir. La propriété industrielle se décompose en trois sous-parties que sont les signes distinctifs, les innovations techniques et les créations ornementales. Elles concernent la protection des inventions ou le dépôt d'une marque (noms, logos et sons) et les dessins et modèles.

- **les droits d'auteur :** cette protection concerne les œuvres issues de la réflexion humaine comme les œuvres littéraires, musicales, artistiques graphiques et

Que peut-on protéger ?

- **Les signes distinctifs** comme peut l'être une marque.
- **Les innovations techniques :** le brevet protège la solution technique apportée à un problème également technique.
- **La création ornementale :** les dessins, les modèles ou encore les formes des objets industriels peuvent faire l'objet d'un dépôt.

d'interprétariat et, de manière plus complexe, les logiciels. Les droits d'auteur, à l'inverse de la propriété industrielle, ne requièrent aucune déclaration particulière. Toutefois, avant d'exposer un projet, conservez des preuves de votre filiation avec l'œuvre.

Quelques conseils pratiques

Le nom

La dénomination sociale (le nom d'usage) de votre entreprise ne s'acquiert pas par un dépôt mais selon le principe du premier usage. Ensuite, elle peut faire l'objet d'un dépôt de marque pour commercialiser vos produits. Le montant de cette redevance s'élève à 225 euros minimum pour trois classes.

Les brevets

Avant de déposer un brevet, garantissez-vous de la nouveauté de votre invention. Pour cela, vous pouvez consulter le site internet www.plutarque.com ou celui de l'Office européen des brevets www.european-patent-office.org.

Le nom de domaine

Réservez auprès de l'AFNIC le nom de domaine du site internet de votre entreprise (voir ci-contre). Vérifiez sa disponibilité avant même de vous engager sur un nom définitif de l'entreprise (www.afnic.fr). ■

L'enveloppe Soleau

Si vous n'avez pas la possibilité de protéger une idée ou un concept, il existe un moyen qui fait fureur dans les agences de communication. L'enveloppe Soleau renferme toutes les informations confidentielles d'un projet. Ce n'est pas un titre de propriété industrielle, mais une protection contre la mauvaise intention. Moyennant 15 euros, elle est conservée à l'INPI pendant cinq ans.

Repères

Les noms de domaine sur internet font l'objet de dépôts tous azimuts. Certains s'engagent dans le dépôt de noms de grandes marques… avec une faute d'orthographe, à une lettre près, misant sur les fautes de frappe des internautes. Si votre nom vous est volé, on parle de « typosquatting ».

Tout d'abord, se faire aider

Quels réseaux utiliser ?

Repères
Un incubateur est un lieu où trouver les services et financements utiles au créateur afin de lui faciliter ses premiers mois d'activité.

C'est un sujet récurrent parmi les spécialistes de l'aide aux entreprises. Les futurs entrepreneurs n'acceptent pas suffisamment de soutien extérieur. Si la loi française n'impose rien sur ce point, sauf pour les artisans à qui un stage de gestion est imposé, sachez qu'il existe de nombreux réseaux d'appui aux futurs entrepreneurs. Leur coût pourra être financé par une aide publique. Ils apportent une valeur ajoutée indispensable à l'élaboration de votre projet.

Que vous offre un réseau ?

Des conseils personnalisés : très au fait des problèmes des créateurs – ils ont pu l'être eux-mêmes – les professionnels de ces réseaux proposent les services d'experts qui font preuve de beaucoup d'abnégation.

Aide à la réalisation du projet : ils évaluent les structures du projet, sur lequel, à vos côtés, ils portent un œil critique, et en renforcent les fondations. Vous en sortez bien meilleur et doté d'une vision objective sur vos premiers mois.

Financement ou aide à l'obtention de financement : certains réseaux distribuent des fonds au démarrage, d'autres délivrent une signature appréciée des banques vers qui vous vous tournerez.

Suivi dans la mise en place de l'entreprise, accompagnement post-création et mise en relation avec d'autres acteurs de la création d'entreprise : une fois le projet sur ses deux jambes, l'entreprise et l'entrepreneur apprennent à marcher. Les réseaux ont renforcé ces points dans la panoplie de leurs expertises. Ils saisissent désormais la bouffée d'oxygène que cela procure à l'entrepreneur en phase de décollage.

Comment choisir ?

Les généralistes : ce sont les réseaux des chambres de commerce et des chambres des métiers et les BGE. Ils sont présents sur l'ensemble du territoire. Une visite dans un espace « CCI-Entreprendre en France », si vous êtes futur commerçant, vous permettra de découvrir les services offerts aux entrepreneurs par les chambres consulaires. Vous devrez y revenir pour inscrire votre entreprise. Les chambres consulaires travaillent en collaboration avec tous les réseaux. Si votre entreprise nécessite un appui particulier, vous serez ensuite aiguillés vers l'un de ceux-ci.

Généralistes et financeurs : France Initiative Réseau (FIR) aide avec ses partenaires locaux à l'élaboration du projet, mais apporte également de l'argent sous forme de prêt sans garantie. Ce mouvement est le premier financeur en matière de micro-crédit. Réseau Entreprendre est spécialiste des projets qui disposent d'un fort potentiel de création d'emplois. Grâce à un réseau de dirigeants d'entreprise très impliqués, dont de nombreux sont à la tête de grandes entreprises, il propose aides et financements. Il s'appuie sur des valeurs humaines reconnues. À ce titre, une fois votre entreprise sur les rails, ils vous demanderont, à votre tour, d'aider un porteur de projet.

Appui aux personnes en situation sociale difficile : l'ADIE, France Active et Finansol sont des réseaux ouverts à ceux qui ont été fragilisés tout d'abord par la vie. Ils apportent conseil et financement et soulignent leur mission d'aide à la reconquête de la confiance en soi, indispensable à ce stade.

Soutien à l'innovation : OSEO accède au financement des entreprises innovantes à tous les stades clés de leur projet et de leur développement. Les incubateurs soutiennent ces mêmes entreprises, valorisant une compétence issue des laboratoires de la recherche publique.

Les entreprises d'utilité sociale et démocratique : aux confluents de l'économie classique et de l'utilité sociale, ces entreprises partagent le pouvoir entre leurs membres. La fédération des SCOP ou l'AVISE vous aident pour créer ces formes de sociétés. ■

Repères

Tous les opérateurs cités ci-contre sont reconnus pour leur savoir-faire. Vous les trouverez près de chez vous. Si certaines de leurs prestations sont parfois payantes, elles peuvent être rétribuées par les chèques-conseil. Pour trouver leurs coordonnées et plus encore, consultez le site de l'APCE (www.apce.com). Si vous ne disposez pas d'une connexion internet, les agences locales de l'ANPE, ainsi que les services de votre mairie, offrent généralement ce service.

Vos initiatives ont un avenir !

Frédéric Cameo Ponz, président de BGE

Les BGE, créées il y a plus de trente ans, sont des associations d'appui à la création/reprise d'entreprise fédérées dans un réseau national, BGE.
Elles sont implantées sur l'ensemble du territoire français (430 lieux d'accueil). Elles mobilisent 950 conseillers salariés pour accompagner, financer les porteurs de projet et appuyer les jeunes entreprises dans leur développement.
En 2011, elles ont accueilli 87 710 personnes, accompagné 57 340 personnes, formé 11 758 personnes, appuyé la création de 17 200 entreprises et suivi 21 285 entreprises dans leurs premières années que ce soit lors du démarrage ou dans leur développement.
Le taux de pérennité à 3 ans des entreprises accompagnées est de 72 %.

Pourquoi BGE ?

BGE a été créé pour apporter une réponse globale aux besoins de conseil des créateurs/repreneurs d'entreprise à toutes les étapes du parcours de création et une fois l'entreprise créée, au moment du démarrage et lors du développement.
Cet accompagnement adapté aux besoins des futurs chefs d'entreprise est le fruit de l'expérience de BGE et de sa connaissance fine des besoins des créateurs et des territoires sur lesquels les futures entreprises s'implantent.

En quoi consiste l'aide que vous apportez aux créateurs ?

Avant la création, BGE propose :

- un bilan et un diagnostic avec un conseiller création,
- une analyse du marché, la définition d'une stratégie commerciale, l'étude de la rentabilité économique, le choix des statuts juridique, social et fiscal,
- l'élaboration du plan d'affaires,
- l'évaluation des besoins de financement du projet et la mobilisation des ressources financières nécessaires au projet (prêt NACRE à taux zéro, PCE, concours bancaires, etc.),

- des formations à la création d'entreprise, en cas de besoin : marketing, développement commercial, comptabilité, statuts juridiques, droit du travail, etc.

Après la création de l'entreprise, BGE suit le démarrage de l'entreprise
- organise des rendez-vous réguliers pour « booster » au mieux son démarrage,
- met en place des outils de suivi pour contrôler le bon développement de l'entreprise et ajuster les moyens si nécessaire (budget prévisionnel, tableaux de bord…),
- appuie le développement de l'entreprise, en identifiant avec l'entrepreneur les axes de développement possibles (marchés, produits, clients),
- apporte des solutions pour le ou les recrutements envisagés.

Et pour être en phase avec les nouveaux besoins des créateurs :
- propose de tester le projet dans une couveuse avant la création de l'entreprise. Le porteur de projet peut faire évoluer son modèle économique, lancer sa production et facturer ses premiers clients sous la tutelle juridique de la couveuse ;
- met à disposition un hébergement physique en pépinière d'entreprises. Ces pépinières offrent des locaux et un équipement de base ainsi qu'un accompagnement par des conseillers, des rencontres entre entrepreneurs de la pépinière, des rendez-vous avec des experts, etc. ;
- introduit les entrepreneurs dans des clubs de créateurs d'entreprises (Oxygène, BGeclub…).

Qui peut venir chez vous ?

- Tous les créateurs/repreneurs, quel que soit leur domaine d'activité.
- Tous les publics, quelle que soit leur situation (demandeurs d'emploi, salariés, étudiants, scolaires, femmes, hommes, jeunes, etc.).
- L'action de BGE se déploie sur l'ensemble du territoire français.

Les créateurs ont des besoins de financements. Que faites-vous à ce niveau-là ?

La question du financement du projet est souvent une des questions principales que se posent le créateur et le repreneur d'entreprise. Et pour trouver les financements nécessaires, l'activité doit être rentable, les besoins en financement bien évalués, en valeur et en nature. Les

BGE mettent à disposition des créateurs plusieurs types de ressources financières dont le prêt NACRE à taux zéro pour les demandeurs d'emploi, le prêt à la création d'entreprise (PCE), elles facilitent également les relations avec les banques et appuient le créateur pour trouver les ressources financières locales. En 2011, 415 millions d'euros (dispositifs publics État, organismes publics, collectivités territoriales, banques, etc.) ont été mobilisés par BGE au profit des créateurs ou repreneurs, soit plus d'un créateur sur deux accompagné par BGE (pour mémoire, la moyenne nationale est de 1 sur 3).

Beaucoup souhaiteraient créer, mais bien souvent craignent le passage à l'acte ou tout simplement, ignorent que c'est possible. Que proposez-vous ?

Nous dédramatisons l'acte d'entreprendre, en disant que c'est possible mais en préconisant un accompagnement. Cela rassure à la fois le créateur et... le financeur. Il est utile d'amener le futur créateur à réfléchir sur ses motivations. Créer exige du temps. Il faut non seulement se donner du temps mais accepter aussi que l'entreprise finale puisse différer du projet initial. L'étude de marché peut amener à modifier, adapter ou transformer son intuition de départ.

Par ailleurs, nous disposons chez BGE d'un certain nombre d'outils et de dispositifs comme Balise par exemple, qui permet à quelqu'un qui n'a qu'une idée de se projeter dans la vie d'un entrepreneur. Plus généralement, il faut favoriser la création d'entreprise par les jeunes. Il faut donc faire évoluer en profondeur les représentations qu'ils ont de l'entrepreneuriat pour instiller l'éventualité de la création ou de la reprise d'entreprise ou à tout le moins, permettre aux jeunes de se débarrasser des préventions. En milieu scolaire bien sûr mais aussi dans les universités en abordant de manière plus opérationnelle la création d'entreprise !

Contact :

www.bge.asso.fr

Transformer son idée en projet

Tout commence par une étude de marché

Vous avez maintenant cerné les contours et la cohérence de votre idée et la protection de vos réflexions n'a plus de secret pour vous. Désormais, il faut penser à vendre, à qui, comment, pourquoi, et vérifier que vous êtes installé au bon endroit. L'étude de marché est un exercice important auquel il ne faut pas renoncer à se plier.

Repères
Une démarche de *benchmarking* consiste à étudier l'état d'avancement des concurrents ou ce qui marche à l'étranger.

L'ÉTUDE DE MARCHÉ DE COHÉRENCE

C'est une évaluation qualitative, plutôt destinée aux entreprises de service, qui consiste à établir un tableau définissant très précisément ce que vous allez vendre (haut de gamme ou bas prix), à quelle clientèle vous vous destinez (entreprise, particulier, etc.), à quel besoin vous répondez (loisir, besoin primaire, confort, etc.) et quels sont vos concurrents (consultez l'annuaire, internet, les chambres de commerce et de métiers, les fédérations professionnelles, etc.).

Ce premier type d'étude ne permet pas d'évaluer à l'euro près votre chiffre d'affaires. Mais, si vous construisez un tableau et que vous classez vos forces et vos faiblesses pour chaque critère, vous mesurerez la taille du marché et votre capacité à le conquérir.

L'ÉTUDE DE MARCHÉ DE LA RICHESSE VIVE

Elle repose sur des données économiques fines dont seront friands ceux qui ouvriront une boutique, un restaurant dans une zone de passage dépendant de la venue du client. L'INSEE (Institut National de la Statistique et des Études Économiques), les salons professionnels, les organisations professionnelles et les chambres consulaires disposent de tous les éléments pour satisfaire

Repères
Un brin d'humour qui n'enlève pas son poids de vérité, chaque jour vérifié par celles et ceux qui désirent ouvrir un lieu d'accueil du public : quelles sont les trois choses importantes pour ouvrir une boutique ?
1. l'emplacement
2. l'emplacement
3. l'emplacement.

la mesure du chiffre d'affaires que vous devez réaliser. De ces calculs dépendra en partie la qualité de vos relations avec votre banquier.

Enfin, étudiez la concurrence. Cette technique venue des pays anglo-saxons que l'on nomme le benchmarking est un outil efficace pour savoir si votre projet est une activité qui marche pour d'autres. Par exemple, postez-vous devant un commerce identique au vôtre et comptez les clients ; vous pourrez ensuite, grâce aux données fournies par les organismes cités ci-dessus, transformer cela en chiffre d'affaires.

Vos actions commerciales

On n'attire pas les mouches avec du vinaigre ! Pour vendre, trois grandes techniques s'offrent à vous.

- **Attirer le consommateur :** la publicité est reconnue comme étant l'outil phare, mais elle doit être utilisée avec grande précaution car elle est très chère pour des résultats aléatoires, liés à la prolifération des messages publicitaires et des publi-reportages.
- **Pousser votre service/produit chez vos clients potentiels** grâce à des offres promotionnelles. L'outil est fin et les retours très facilement mesurables.
- **Recourir à internet,** moyen de communication désormais magique. Il permet de définir la communauté visée, le coût de chaque action de communication est mesuré très finement et les budgets peuvent être très économiques.

Les liens sponsorisés

L'outil permet d'associer son entreprise à un mot-clé. Chaque fois que l'internaute émet cette requête sur un moteur, votre entreprise apparaît. Jusque-là, vous ne payez rien, vous êtes facturé si l'internaute clique sur votre lien et entre dans votre lieu de vente virtuel. Il existe également sur internet des réseaux efficaces pour trouver des clients. Consultez les sites www.viaduc.fr et www.6nergies.net.

Pour vous renseigner sur l'étude de marché, le mieux est de chercher « étude de marché » sur Google : l'offre est pléthorique, les ouvrages sérieux également.■

Trouver des réponses à ses questions

Xavier Kergall, Directeur Général et fondateur du Salon des Entrepreneurs

Faire le point sur l'actualité de la création d'entreprise, connaître tous les rouages de la transmission d'entreprise et côtoyer les acteurs clés à travers espaces de rencontre, conférences et débats... Les Salon des Entrepreneurs de Paris, Lyon et Nantes sont des rendez-vous incontournables pour tous les porteurs de projets, créateurs, repreneurs et dirigeants de PME-PMI. Depuis 1995, ces salons ont accueilli près d'un million d'entrepreneurs, porteurs de projets et experts.

À quoi ressemble le créateur/repreneur d'entreprise de nos jours ?

Dans le dernier classement des plus grandes fortunes mondiales, 50 % sont autodidactes. Parmi ces créateurs d'entreprises, on retrouve en même proportion des hommes et des femmes qui ont peu ou pas de diplômes. Les études longues peuvent inhiber la prise de risque au profit de parcours professionnels plus sécuritaires. Cependant, nous notons une évolution parmi les nouvelles générations qui ont vu leurs parents et leurs grands-parents de plus en plus malmenés au sein des grandes structures. La maturité professionnelle (l'expérience) et le désir de « changer de vie » sont aussi des moteurs qui font naître de nouveaux entrepreneurs plus matures, plus posés, plus réfléchis.

L'entrepreneur n'a guère d'autre choix que d'être sur tous les fronts en même temps. Sa légitimité passe, entre autres choses, par son ardeur au travail.

Quelles sont les qualités requises pour devenir entrepreneur ?

Santé, conviction, créativité et leadership ! Santé, car l'entrepreneur n'a pas d'autre choix que d'être sur tous les fronts en même temps. Sa légitimité passe, entre autres choses, par son ardeur au travail.

Conviction, car les périodes de doute sont nombreuses et permanentes. Il doit sans cesse se convaincre lui-même,

Les périodes de doute sont nombreuses et permanentes. Il doit sans cesse se convaincre lui-même, convaincre ses clients, ses actionnaires, ses équipes… et également son ou sa conjoint(e), qu'il fait le bon choix, même dans les cas d'échec.

convaincre ses clients, ses actionnaires, ses équipes… et également son ou sa conjoint(e), qu'il fait le bon choix, même dans les cas d'échec.
Créativité parce que la création de valeur passe par l'innovation. De la coiffure à domicile aux nanotechnologies, ce sont les produits, les services ou les marchés innovateurs qui font la valeur ajoutée et la réussite d'une affaire.
Leadership, car les nouvelles générations d'entrepreneurs côtoient quotidiennement leurs équipes, et l'avènement des nouvelles technologies bouleversent les systèmes hiérarchiques. C'est plus que jamais la capacité d'entraînement et de conviction qui fondent la cohésion, mais aussi le partage des valeurs et la participation aux ressources de l'entreprise.

Faut-il vraiment être entrepreneur ?

C'est un choix de vie. Il n'y a pas les bons d'un côté, les mauvais de l'autre ; les salariés et les entrepreneurs, ou vice-versa. Simplement, à notre époque, avec la société de consommation dans laquelle nous vivons, l'épargne par le simple revenu du salaire est devenue quasi impossible. Pour celles et ceux qui n'ont rien ou peu, la seule manière (ou presque) de constituer un patrimoine (à commencer par l'acquisition de sa résidence principale), c'est de passer par l'entrepreneuriat.

Quel est le principal chantier pour favoriser l'entrepreneuriat dans notre pays ?

Bon nombre de valeurs de la société d'aujourd'hui (course aux diplômes, glorification et sécurisation à l'extrême du statut traditionnel de salarié, etc.) constituent des obstacles à l'entrepreneuriat.
Les méga-structures (publiques ou privées) sont alourdies par une grande force d'inertie. Cela peut donner envie aux individus qui sont en quête de sens de prendre en main leur destin et de se réaliser dans la création ou la reprise d'entreprises, ce que nous constatons désormais.
Mais le principal enjeu actuel se situe au niveau de l'Éducation nationale qui peut, en alliance avec les entrepreneurs, redonner le goût d'entreprendre. C'est une banalité de dire que les enseignants sont sous-payés, et surtout sous-valorisés. Or, ils doivent s'investir de plus

en plus dans l'éducation familiale. Peu importe de savoir si cela est bien ou mal, si cela rentre dans leurs missions ou non, c'est comme ça, ce sont des faits. Ce sont eux qui détiennent la clé de l'esprit d'entreprise à travers le développement et la valorisation de l'esprit d'initiative. Ils peuvent canaliser les énergies en valorisant les actions entrepreneuriales et ceci dès le plus jeune âge – l'individu rebelle ou velléitaire, en plein échec scolaire peut être transformé en entrepreneur acharné, créateur d'emplois et de richesses. Il est essentiel de transformer les passions de chacun en énergies créatrices.

Il est essentiel de transformer les passions de chacun en énergies créatrices. Libérer les énergies, c'est mettre au cœur des évaluations de nouveaux repères comme l'action, l'initiative et la « praxéologie ».

Libérer les énergies, c'est mettre au cœur des évaluations scolaires de nouveaux repères comme l'action, l'initiative et la « praxéologie ». Bannissons définitivement ce système de sélection qui ne repose que sur la méritocratie scolaire, véritable machine à broyer les talents et l'épanouissement de chacun. Nous travaillons actuellement sur les dix principales mesures à prendre en ce sens que nous publieront à l'occasion des 20 ans du salon des entrepreneurs en février 2013.

Contact :
www.salondesentrepreneurs.com

Le dossier économique et financier

Pour convaincre vos partenaires

Repères
Montez votre dossier à l'aide d'un logiciel comme PowerPoint et exercez-vous à la présentation orale de vos « diapositives ». La forme compte autant que le fond.

Voici l'étape de l'apparition. Le dossier économique est perçu comme le CV de votre future entreprise. Il en est l'outil de communication vis-à-vis des tiers et permet de suivre l'élaboration du projet, étape par étape. Chacun de vos possibles partenaires doit pouvoir prendre position grâce à ce dossier. Il vous donne l'occasion de formuler contraintes, limites et surtout les forces de votre projet. L'APCE vous aidera sur son site à formuler ce dossier grâce au plan méthodique suivant :

- présentation du ou des créateurs et du projet en général,
- description des produits/services et du marché,
- stratégie et moyens commerciaux,
- moyens de production et analyse financière.

Ce dossier est votre premier acte de communication, il doit donc être extrêmement clair. Chaque étape devra s'enchaîner de manière logique et rester synthétique afin de ne pas noyer le lecteur dans des détails inutiles et des digressions hasardeuses.

Le dossier financier

L'argent va petit à petit devenir votre référent. Pour éviter qu'il se transforme en obsession ou en malaise, il faut anticiper. Dès l'acte de préparation du projet, soyez prévenant en établissant une grille de vos plans de financement et de vos besoins de financement extérieurs.

Il est utile, tout d'abord, de connaître les charges de l'entreprise afin d'établir votre « point mort », c'est-à-dire le seuil au-delà duquel votre activité dégage des bénéfices.

Puis, à partir de cela, il vous faut établir un compte de résultats prévisionnel et enfin un budget de trésorerie mensuel.

Le budget de trésorerie

Il est indépendant de ce que vous facturerez. En effet, une facture émise ne signifie pas qu'elle est payée. Pourtant, vous devrez régler les charges courantes de votre activité. Ce budget de trésorerie permet de prévoir la cohérence entre les encaissements et les décaissements.

Par exemple, si vous êtes payé à 30 jours fin de mois, établissez votre budget selon ces informations et prévoyez de relancer les étourdis.

La recherche de capitaux

En parallèle, recherchez des capitaux pour démarrer votre activité (fonds propres, subventions, financements bonifiés). Pour cela, chaque organisme peut avoir des spécialités tant en termes de besoins de financement que de secteur d'activité privilégié.

Soyez extrêmement vigilant sur les garanties qu'ils exigent en échange de votre financement, sur leurs coûts d'intervention (frais de dossiers, mode de remboursement, capacités de re-négociation de vos engagements, etc.).

Enfin, soyez ouverts aux modes de financement de votre activité quotidienne comme les facilités de caisse, l'escompte, l'affacturage, etc.

Savoir étayer votre dossier

Ces deux dossiers qui n'en font qu'un vous obligent à obtenir des documents écrits de l'ensemble des parties engagées à vos côtés. Réunissez-les à ce stade. Plus que des intentions et des annonces, l'engagement de vos associés, fournisseurs, clients déjà acquis et banquiers étayent et renforcent toutes les fondations de votre projet.

Pour en savoir plus, vous pouvez consulter plusieurs sites. Celui des experts-comptables (www.experts-comptables.com) ou celui de l'APCE (www.apce.com). ■

Repères : le *Business plan* *(voir page 203)*

Vous connaissez l'idiome. Il est un résumé de tout ce qui précède. Clair, précis, concis, vendeur, il est votre meilleur représentant et aide quiconque à vos côtés à vous représenter. Il n'est pas un simple récapitulatif des aspects financiers du projet comme le terme *business* pourrait le laisser entendre.

Les coûts d'une création d'entreprise

S'informer pour prévenir les mauvaises surprises !

Repères
En 2003, le gouvernement a supprimé le seuil minimum de 7 500 euros de capital pour la création d'une SARL.

Il est difficile de donner une liste exhaustive des coûts affairant à une création d'entreprise : celle-ci dépend de son statut, de sa taille et de son activité. Toutefois, voici un rappel des différentes catégories de frais à provisionner dans vos calculs financiers (variables selon les départements).

Conservez tous les justificatifs des frais engagés précédant l'immatriculation, ils seront déduits du résultat de l'entreprise. Ne sont pas indiquées dans cette liste les charges sociales et fiscales.

Coûts obligatoires

Le stage obligatoire de gestion de quatre jours pour les artisans

Il n'est pas imposé à tous. Son prix tourne autour de 200 euros. Il varie selon les départements. La gestion de ces stages est assurée par les Chambres de métiers.

Repères
Depuis le 1er janvier 2009, il est possible de créer une entreprise par actions simplifiée ou une société par actions simplifiée unipersonnelle (SASU) avec seulement 1€ de capital.

Le capital

Aucun capital pour les entreprises individuelles et aucun capital minimum pour les SARL, EURL et SNC. L'exigence d'un capital minimum a été également supprimée pour les SAS immatriculées à compter du 1er janvier 2009.

L'immatriculation

Elle se décompose en plusieurs postes et les coûts varient selon les cas.

- L'inscription au Registre du commerce et des sociétés. Pour une entreprise individuelle commerciale : 55,97 euros ; pour une SARL, une EURL, une SNC, une société civile, une SA et une SAS : 76,19 euros.
- L'inscription au Registre de la profession. Les artisans

doivent s'inscrire au répertoire des métiers (116 euros). Les agents commerciaux, eux, doivent s'inscrire au registre spécial les concernant (31,93 euros). Inscrites à l'Urssaf, les professions libérales ne payent pas leur immatriculation.

Comptez des frais d'assistance acquittés au CFE (Centre de formalités des entreprises) pour remplir l'imprimé d'immatriculation (environ 80 euros).

Repères
Faites le point sur ces frais avec votre réseau d'accompagnement.

Les livres comptables

Ils dépendent du statut et de l'activité. Pour les sociétés et les entreprises individuelles, un livre est imposé : c'est le livre des entrées et sorties du personnel.

- S'ajoute à cela, pour les sociétés, le registre des Assemblées Générales. Il faut compter au minimum 15 euros pour chacun. Ensuite, chaque page du second doit être paraphée par le Greffe du tribunal de commerce et vous coûtera 3 euros de frais d'enregistrement.
- Pour les sociétés, des frais de publication dans un journal d'annonces légales.
- Entre 150 et 230 euros selon le type de société. Il en existe dans tous les départements (Presse Quotidienne Régionale).

L'assurance

Dommages, responsabilité civile, pertes d'exploitation pour l'entreprise et pour les dirigeants (facultatif : assurance homme-clé, accidents du travail, etc.).

Coûts facultatifs

La déclaration d'insaisissabilité de l'habitation principale

Le coût de cette démarche est de 117,68 euros, auxquels s'ajoutent 50 euros pour sa publication au Bureau des hypothèques.

La rédaction des statuts

Ils sont obligatoires pour les sociétés. Il existe des statuts types gratuits, mais un conseil d'entreprise peut s'en charger. L'enregistrement auprès du Centre des impôts, où les statuts doivent être déposés en quatre exemplaires, est désormais gratuit.

Repères
Si vous ouvrez une boutique, de nombreuses normes de sécurité font rapidement monter la note. Consultez le syndicat professionnel adéquat.

L'adhésion à un Centre de gestion agréé

Renseignez-vous, les différences de tarifs sont grandes en fonction des activités couvertes par le centre.

Le dépôt de marque

Recherche d'antériorité sur le nom à l'INPI (38 euros par classe, 760 euros pour toutes les classes). La demande d'enregistrement du nom, 225 euros (maximum de 3 classes) et 40 euros par classe supplémentaire.

Les locaux

Domicilier son entreprise chez soi est gratuit.

En dehors de cela, prévoyez, outre le loyer et la caution, un droit au bail au locataire sortant (en cas de reprise d'un bail existant) ou un pas-de-porte au propriétaire (pour la conclusion d'un nouveau bail).

Exemples d'autres coûts pouvant vous concerner lors du démarrage d'une activité

- Financement du stock de matières premières.
- Ouverture d'une ligne téléphonique et d'une ligne internet.
- Achat de mobilier, de fournitures, de matériel informatique (machines et logiciels) et de machines professionnelles.
- Documents commerciaux et légaux (carte de visite, papier à en-tête, cachet de l'entreprise, plaquette, site internet).
- Véhicule d'entreprise…

À ces coûts peuvent s'en ajouter d'autres, notamment pour les activités accueillant le public et nécessitant de ce fait le respect de normes d'hygiène et de sécurité (les coûts peuvent se révéler très lourds : vous pouvez trouver des renseignements auprès de votre organisation professionnelle). ■

Chapitre 2

Choisir une structure adaptée : les aspects juridiques, fiscaux et sociaux

Créer une activité en indépendant...

... en solo, en consultant, en free lance, etc.

Le régime de la micro-entreprise

Il est applicable aux entreprises individuelles dont le chiffre d'affaires ne dépasse pas 76 300 euros de vente de marchandises ou 27 000 euros de prestations de services. Pas de TVA, ni de taxe sur les salaires et vous déclarez seulement vos revenus au titre de l'IR ; l'administration fiscale applique un abattement pour frais professionnels (72 % en cas de vente de produits, 37 % pour la prestation de services).

Il existe deux grands statuts pour entreprendre : la société et l'entreprise individuelle. Plus d'une entreprise sur deux se crée en France sous cette dernière forme qui prend le nom de « solo », de « free-lance », de « consultant », etc.

Ne nécessitant ni statut, ni capital de départ, elle donne une grande liberté dans la gestion, le contrôle de l'entreprise. L'entreprise n'ayant pas de patrimoine distinct de celui qui crée, la notion d'abus de bien social n'existe pas.

Les risques personnels

À cette liberté, il existe cependant un revers puisque l'entrepreneur est indéfiniment responsable des dettes contractées sur l'ensemble de son patrimoine. Aussi, pour les futurs époux, choisissez bien votre régime matrimonial.

La résidence principale de l'entrepreneur peut-être déclarée insaisissable par les créanciers si cette dernière a fait l'objet d'une déclaration devant notaire.

Régimes fiscal et social

L'entrepreneur est assujetti à l'impôt sur le revenu (IR). Un abattement est prévu pour ceux qui adhèrent à un Centre de gestion agréé. Vous dépendrez de la grande famille des travailleurs non-salariés.

N'hésitez pas à souscrire à des régimes de retraite complémentaires non obligatoires et supplémentaires. Enfin, n'oubliez pas qu'en cas d'échec, l'entrepreneur individuel ne perçoit pas d'allocation chômage. ■

L'EIRL

Protéger les biens des entrepreneurs des risques liés à leur activité

Entré en vigueur le 1er janvier 2011, le statut d'entrepreneur individuel à responsabilité limitée (EIRL) permet aux entrepreneurs individuels de séparer leur patrimoine privé (le patrimoine non affecté) de leur patrimoine professionnel (le patrimoine affecté), sans constituer de société. Les créanciers professionnels ne peuvent alors poursuivre que le patrimoine affecté. Cela permet ainsi aux entrepreneurs individuels de protéger leurs biens des risques liés à leur activité.

Qui peut prétendre à ce statut et comment créer une EIRL ?

Il concerne tous les entrepreneurs individuels, ainsi que les auto-entrepreneurs et les agents commerciaux.

La création d'un patrimoine affecté nécessite d'émettre, au préalable, une déclaration d'affectation auprès du Centre de formalité des entreprises (CFE) qui le transmet ensuite :

- au Registre du Commerce et des Sociétés auquel vous êtes affecté, si vous êtes commerçant ;
- au Répertoire des métiers auquel vous êtes immatriculé, si vous êtes un artisan ;
- au Registre spécial des agents commerciaux tenu au Greffe du tribunal de commerce auquel vous êtes immatriculé, si vous êtes un agent commercial ;
- au Registre spécial des EIRL tenu au Greffe du tribunal de commerce, si vous êtes un professionnel libéral ou un auto-entrepreneur dispensé d'immatriculation ;
- au Registre tenu par la Chambre d'agriculture dont vous dépendez si vous êtes exploitant agricole.

Que doit comporter la déclaration d'affectation ?

Notez avant tout que les CFE peuvent vous remettre un modèle gratuit de déclaration.

Il vous faut y préciser :

- l'objet de l'activité professionnelle à laquelle le patrimoine est affecté ;
- le détail des biens affectés (biens, droits, suretés, obligations) en nature, qualité, quantité et valeur.

Quel régime fiscal ?

En principe, le régime de l'impôt sur le revenu s'applique à l'EIRL. Toutefois, l'entrepreneur individuel peut transmettre une notification au service des impôts dont dépend son établissement pour être assujetti à l'impôt sur les sociétés (IS).

Les entrepreneurs relevant du régime fiscal des micro-entreprises, les auto-entrepreneurs notamment, ne peuvent faire ce choix.

Quel régime social ?

L'EIRL dépend du régime social des travailleurs non-salariés.

- Si vous êtes assujettis à l'IR : les cotisations sociales sont calculées sur la base des bénéfices de l'EIRL.
- Si vous avez opté pour l'IS : les cotisations sociales sont calculées sur la base de votre rémunération nette et sur les dividendes perçus. ■

Un conseiller aux côtés du chef d'entreprise

Michel Tudel, expert-comptable, commissaire aux comptes

Établissement des comptes, droit fiscal, droit social, droit des affaires… l'expert-comptable est le conseil permanent du chef d'entreprise.
La profession d'expert-comptable est réglementée en France par l'ordonnance de 1945. Elle compte aujourd'hui 17 000 professionnels inscrits dans les différents ordres régionaux.
Elle est dirigée par le Conseil supérieur de l'Ordre des experts-comptables.

L'expert-comptable est-il un acteur clé de la création d'entreprise ?

Oui, bien sûr. Il permet d'accompagner, mais surtout de valider les choix du ou des porteurs de projet. Choix économiques, choix fiscaux ou choix sociaux, aux côtés du porteur de projet, l'expert-comptable est un allié, un confident, bref l'acteur qui permet de rassurer le créateur, mais aussi son entourage.

À quel moment le créateur doit faire appel à lui et peut-il le conserver après la création ?

L'expert-comptable intervient à tous les instants dans les montages de projet. Plus il intervient en amont, mieux il permet de calibrer et de réaliser des choix de création pertinents.
Par ailleurs, il est aussi là pour optimiser la démarche de l'entreprise dans ses premières années de vie qui sont souvent les plus délicates.

Choix économiques, choix fiscaux ou choix sociaux, l'expert-comptable est un allié et un confident.

Quelles questions un créateur doit-il impérativement lui poser ?

Je pense qu'il n'y a pas de question unique, car il y a autant de projets qu'il y a de porteurs de projet et donc autant de ques-

L'expert-comptable intervient à tous les instants dans les montages de projet. Plus il intervient en amont, mieux il permet de calibrer et de réaliser des choix de création pertinents.

tions qu'il y a de projets. Je crois que s'il a la volonté d'être rassuré, le porteur de projet saura naturellement quelles questions il doit poser au vu de sa situation personnelle ou de sa stratégie.

Comment choisit-on son expert-comptable ?

J'invite tous les porteurs de projet à contacter les Conseils de l'Ordre des experts-comptables ou le Conseil supérieur. Les institutions ne sont pas là pour conseiller tel ou tel entrepreneur, mais plutôt pour mettre à leur disposition un corps de professionnels formés à la création d'entreprise au service de tous ceux qui ont la volonté d'entreprendre (consulter www.experts-comptables.org).

Combien coûte un expert-comptable ?

Il y a quelque temps, le Conseil supérieur de l'Ordre des experts-comptables a mis en place une mission normalisée d'appui à la création d'entreprise. Pour 2 000 euros, voire moins, un expert-comptable est capable d'accompagner un projet d'entreprise. ■

Contacts :

www.tudelassocies.com
www.sygnatures.com

Créer en société

Choisir la bonne formule

La société est la seconde forme d'exercice d'une activité. En 2010, comme en 2009, un peu plus d'une entreprise nouvelle sur quatre est une société. Parmi les entreprises créées sous forme de société en 2010, 81 % sont des sociétés à responsabilité limitée (SARL) et 14 % des sociétés par actions simplifiées (SAS). La part des sociétés par actions simplifiées augmente nettement depuis 2008, réduisant d'autant la part des SARL : 4 % en 2008, 10 % en 2009, 14 % en 2010. Cette évolution est liée au fait qu'un capital minimum n'est plus exigé pour les sociétés par actions simplifiées immatriculées depuis le 1er janvier 2009*.

À la différence de l'entreprise individuelle, la notion de capital est exigée même si aucun montant n'est précisé par la loi. Il faudra rédiger des statuts précisant vos choix de fonctionnement. De nombreux sites internet vous les fourniront gratuitement.

Ensuite, le Centre de formalités des entreprises (CFE) vous enregistrera et vous devrez insérer dans un journal d'annonces légales un avis de constitution. En fin d'exercice, votre activité fera l'objet d'un dépôt au Greffe du tribunal de commerce de votre siège social (comptes annuels, rapport de gestion, etc.).

Repères

Fonder une société avec 50 % à chaque associé peut s'avérer dramatique en cas de désaccord ou de décès d'un des associés.

Gérant majoritaire ou minoritaire

La SARL est dirigée par un gérant représentant l'entreprise pour les actes de gestion courants. S'il détient plus de 50 % des parts sociales, il dépend du régime des non-salariés, sinon du régime des salariés. Le gérant est responsable civilement et pénalement.

Minoritaires ou majoritaires, les gérants ne bénéficient pas d'assurance chômage, mais peuvent souscrire une assurance privée : www.gsc.asso.fr (association créée par la CGPME et le MEDEF).

* Source INSEE.

Repères
Depuis la loi Initiative économique, aucun capital minimum n'est désormais exigé. Toutefois, il est votre meilleure garantie vis-à-vis des tiers et surtout des créanciers. On ne prête qu'aux riches, vous aurez le même réflexe vis-à-vis de vos futurs clients.

Si la solitude de l'exercice du pouvoir vous convient mieux, l'EURL (entreprise unipersonnelle à responsabilité limitée) s'offre à votre choix (elle fonctionne sur le principe d'un associé unique).

D'autres statuts de société, comme la SA (société anonyme) et la SAS (société par actions simplifiée), concernent des projets plus étoffés ou très innovants. Le nombre d'associés, le capital, les formalités de constitution sont tout de suite plus conséquents.

Avantages et inconvénients

La SARL

Avantages : la responsabilité des associés est limitée au montant des apports. La faute de gestion, si elle est avérée, n'est pas limitée. Le patrimoine de l'entrepreneur est distinct de celui de la société. La SARL est souple, ouverte, évolutive et peu contraignante, même si le gérant agit au nom de la société (également appelée personne morale) et se doit à un minimum de formalisme.

Inconvénients : il y a quelques frais d'inscription de l'entreprise, d'annonces légales (facturées au nombre de mots ou de lignes) et des formalités à déposer, même si celles-ci viennent d'être réduites par la loi.

Conseil : une société demande un minimum de connaissances juridiques et nécessite de savoir construire et suivre un budget, même très simple (recettes/dépenses). Choisissez des conseils d'entreprise (experts-comptables, avocats) qui vous ressemblent.

L'entreprise individuelle

Avantage : vous êtes indépendant, le formalisme, dans ce cas, est quasi inexistant, même fiscalement, grâce au régime de la micro-entreprise. Votre comptabilité fonctionne selon ce que vous encaissez et décaissez, à la différence de la société ou toute facture émise, réglée ou non à la fin de l'exercice, servira de base au calcul du chiffre d'affaires, donc du bénéfice et enfin de l'impôt.

Inconvénient : entreprise et entrepreneur ne font qu'un. L'exclusion de la résidence principale du périmètre des créances a réglé quelques controverses. Replongez-vous dans votre régime matrimonial pour ces deux points et surtout, n'hésitez pas à consulter votre notaire. ■

Créer en restant salarié

Une transition moins brutale

Moins de risques immédiats, tester l'idée, conserver une partie des revenus, sont trois raisons majeures motivantes pour recourir à cette mesure innovante.

Comment faire ?

La règle applicable en la matière est de ne pas concurrencer votre employeur actuel. En tant que créateur d'entreprise, même si votre contrat de travail indique une clause d'exclusivité, la loi vous en exonère pendant une période d'un an. Ensuite, vous devrez choisir entre deux options : soit rester salarié, soit démissionner.

Par ailleurs, si votre ancienneté dans l'entreprise dépasse vingt-quatre mois, vous pouvez cumuler deux activités en réduisant votre temps de travail salarié, et ceci pendant deux ans.

Toutefois, vous devrez obtenir l'autorisation explicite de votre employeur après lui avoir adressé votre demande par lettre recommandée avec accusé de réception, dans laquelle vous préciserez la date de début d'activité, la réduction du temps de travail souhaitée et l'activité de l'entreprise.

Sur le plan juridique et fiscal

Sur le plan fiscal, vous paierez des impôts sur les revenus déclarés au titre des deux activités (salaires et BIC ou BNC).

Le statut de la micro-entreprise vous est ouvert si les revenus non salariés sont limités. Sur le plan social (maladie et allocations familiales), vous cotiserez également aux deux régimes proportionnellement à vos revenus. ■

Repères

La première année d'exercice, vous pourrez demander par écrit au RSI à être exonéré de cotisations sociales si vous justifiez au moins 910 heures d'activité salariée dans les douze mois précédant la création de votre entreprise, et 455 heures dans les douze mois qui suivent. Comme toujours, la CSG et la CRDS ne sont pas concernées, de même que la retraite complémentaire.

Pour en savoir plus

www.apce.com
www.teletravail.fr

Des statuts qui se développent
La SCOP et la SCIC

Repères
Pour en savoir plus, le site de la confédération générale des SCOP : www.scop.coop.

Créer une entreprise sous la forme d'une société coopérative ouvrière de production (SCOP) ou d'une société coopérative d'intérêt collectif (SCIC), c'est faire siennes les valeurs de ce que les experts du sujet nomment : « entreprendre autrement » ou encore « l'entreprise démocratique ». Vieille de plus de cent cinquante ans, la notion de coopération consiste, dans le cas d'une société, à créer une SA ou SARL dont les salariés vivent un projet commun en mutualisant équitablement les risques et les grandes décisions : désignation des dirigeants, orientations stratégiques, affectation des résultats.

Les SCOP

Grandes règles des SCOP : elles sont régies selon les mêmes règles que les entreprises dites classiques et on les retrouve dans tous les secteurs d'activité. On en dénombre 1 800 en France. Elles réunissent plus de 50 000 salariés filiales incluses. Les SCOP arrêtent leurs comptes sociaux, acquittent la TVA et l'impôt sur les sociétés. Toutefois, dans la mesure où elles sont quelque peu différentes, l'État exonère les SCOP de la taxe professionnelle.

N'est pas SCOP qui veut, puisque les salariés-associés détiennent au moins 51 % des parts sociales. Il faut également être inscrit sur une liste du ministère du Travail et se plier à des contrôles sur le bon fonctionnement de la coopérative. Leurs différences s'expriment alors notamment parce que chaque salarié est associé et dispose d'une voix lors de l'assemblée générale annuelle selon le principe de « un homme, une voix ».

Les réserves de l'entreprise ne peuvent être partagées et ne s'incorporent pas dans les capitaux propres afin de la prémunir contre une prise de contrôle extérieure. Les investisseurs, s'il y en a, ne peuvent prétendre à détenir la majorité. La responsabilité des associés et des dirigeants est quasiment identique à toutes les formes d'entreprises.

La SCOP a pour objectif de réaliser des profits qui répondent à des règles spécifiques d'affectation. Prioritairement aux réserves de l'entreprise pour au moins 16 %. Ensuite, aux salariés pour au moins 25 %. C'est la « part travail ». Enfin aux associés, en rémunération du capital, pour un montant automatiquement inférieur à la « part travail ».

Pour en savoir plus

www.scic.coop et le guide de l'AVISE : *Les SCIC en 40 questions* ou www.avise.org.

Les SCIC

Depuis 2001, la loi a poussé plus avant la formule de la coopération en créant la SCIC (société coopérative d'intérêt collectif) qui impose d'intégrer dans l'objet social de l'entreprise (constituée sous la forme juridique d'une SA ou d'une SARL, comme pour la SCOP) la notion d'intérêt collectif ou d'utilité sociale. La loi innove même en permettant à toutes les parties prenantes de l'environnement de l'entreprise de devenir actionnaires (le multi-sociétariat). Obtenir l'estampille SCIC nécessite d'ailleurs l'obtention d'un agrément préfectoral.

Hormis la dimension sociale comme signe ostentatoire extérieur, la loi impose trois types d'associés dans le capital : les deux premiers sont obligatoirement les salariés et les bénéficiaires des services de la SCIC. Le troisième type d'associés est parfois une collectivité locale ou un bénévole. De plus, 57 % des bénéfices doivent être affectés à une réserve « impartageable », c'est-à-dire non distribuable. Pour le reste, la SCIC se calque sur sa grande sœur la SCOP. Hormis une fiscalité un peu lourde pour une entreprise d'utilité sociale, cette forme rencontre un fort engouement. Si seulement 190 SCIC étaient en activité au 1er janvier 2012, œuvrant notamment dans les services à la personne et à l'environnement, elles démontrent le besoin, de la part des candidats à la création d'entreprise collective, d'ajouter du sens et de l'utilité à l'action économique. ■

Devenir auto-entrepreneur

Créer sa société facilement

Repères
Grâce à ce statut, la création d'entreprises a fait un bond gigantesque. 292 000 auto-entreprises sont nées en 2011,

Plus de la moitié des entreprises créées en France aujourd'hui, le sont sous ce statut. Vous êtes près d'un million en France à avoir adopté ce concept, né il y a maintenant trois ans.

En 2010, les auto-entreprises ont réalisé 3,2 milliards d'euros de chiffre d'affaires, soit 8 320 euros en moyenne par auto-entrepreneur. Cependant, plus de la moitié des auto-entreprises ne produisent aucun revenu, d'après l'Agence centrale des organismes de Sécurité sociale (Acoss).

Un statut pour créer sa société facilement

Destiné à faciliter l'exercice d'une activité entrepreneuriale, ce statut a été créé dans le cadre de la loi de modernisation de l'économie (LME), promulguée le 4 août 2008.

Ce régime vise à simplifier le lancement, l'interruption et la cessation d'une activité à but lucratif, notamment en permettant de s'inscrire directement en ligne pour créer son entreprise, mais aussi en simplifiant le paiement des charges et cotisations sociales. Il s'adresse à tout porteur de projet qui souhaite créer son activité sans pour autant créer une société pour développer une activité complémentaire. Durant trois ans, l'auto-entrepreneur est exonéré de la contribution économique territoriale (CET).

L'activité créée en auto-entrepreneur est une entreprise individuelle. L'auto-entrepreneur doit respecter les plafonds de chiffres d'affaires définis pour la micro-entreprise afin d'être éligible à ce régime :

- 81 500 euros de chiffre d'affaires annuel maximum pour les activités de vente de marchandises en 2011 (80 300 euros en 2010) ;

- 32 600 euros de chiffre d'affaires annuel maximum pour les activités de prestations de services en 2011 (32 100 euros en 2010) ;

Les salariés, les demandeurs d'emploi, les étudiants, les retraités, les fonctionnaires peuvent créer une activité en auto-entrepreneurs.

Des réformes à venir

Par exemple : si vous souscrivez ce statut, vous devez déclarer votre chiffre d'affaires à l'Urssaf tous les mois, même si vous n'avez rien gagné. Dans le cas contraire, vous vous exposez à une sanction financière de 1,5 % du plafond mensuel de la Sécurité sociale, depuis le 1er janvier 2012, soit 46 euros par déclaration manquante. Ces cotisations seront majorées, de 5 % des recettes pour un mois et de 15 % pour un trimestre, à chaque fois que vous n'effectuerez pas cette déclaration, le but étant de faire régresser le nombre d'auto-entrepreneurs qui ne déclarent aucun chiffre d'affaires.

Autre changement, lorsque vous dépassez les plafonds de chiffre d'affaires, vous basculez automatiquement dans le régime des travailleurs indépendants. Le plafond est de 81 500 euros pour une activité de commerce, 32 600 euros pour une activité de prestations de services en 2012. Vous devez recevoir obligatoirement une lettre recommandée avec accusé de réception pour vous en informer. Il vous reste alors un mois pour contester ce changement de statut.

Par ailleurs, si vous êtes auto-entrepreneur, vous devez maintenant vous acquitter de la cotisation pour la formation professionnelle chaque mois ou chaque trimestre, suivant l'option que vous avez choisie. Une taxe est calculée en fonction du chiffre d'affaires. Elle représente 0,1% pour les activités commerciales, 0,2% pour les prestations de service et les professions libérales et 0,3% pour les activités artisanales.

L'État gagne chaque année 650 millions d'euros de contributions sociales et 350 millions

Astuce
Grâce à ce régime, vous pouvez utiliser votre habitation pour y créer votre entreprise, à condition que l'activité considérée n'occupe qu'une surface réduite des locaux, qu'elle n'est exercée que par le ou les occupants y ayant leur résidence principale, n'engendre pas de nuisances et qu'elle ne conduit pas à la constitution d'un fond de commerce.

Repères

Ces réformes visent aussi à le limiter dans le temps à une ou deux années, avant d'être obligé de passer à un autre régime afin d'exhorter à créer des TPE. En effet, 22 % des auto-entreprises seulement se transforment actuellement en entreprises plus classiques.

Contacts

- www.planete-auto-entrepreneur.com
- www.lautoentrepreneur.fr
- www.federation-auto-entrepreneur.fr

de recettes fiscales grâce à ce système. Les auto-entrepreneurs sont aussi exonérés de TVA. Le gouvernement souhaite qu'ils aient une assurance responsabilité civile professionnelle.

Enfin, le gouvernement souhaite que les auto-entrepreneurs bénéficient de plus de protection sociale, en cotisant auprès du régime social des indépendants ou de la Caisse interprofessionnelle d'assurance vieillesse. Rappelons que les droits à la retraite sont validés suivant le chiffre d'affaires de l'année *(voir encadré ci-dessous).* ■

Quels droits à la retraite pour l'auto-entrepreneur ?

Dès que vous y souscrivez, vous cotisez pour votre retraite. Vous êtes affilié, soit au régime social des indépendants, le RSI, dans le cas de l'exercice d'une activité artisanale ou commerciale, soit à la Caisse interprofessionnelle d'assurance vieillesse, pour une activité libérale.

Quel que soit le régime, sachez que vous validerez vos droits à la retraite, suivant le chiffre d'affaires que vous aurez réalisé durant l'année. Vous devez avoir cotisé sur la base de 1 844 euros en 2012, afin de valider un trimestre.

Pour en valider quatre cette année, votre chiffre d'affaires minimum de l'année devra être :

- de 25 434 euros pour une activité de vente de marchandises,
- de 14 752 euros pour une activité de services relevant de la catégorie des bénéfices industriels et commerciaux
- et de 11 176 euros pour une activité libérale, abattements fiscaux compris.

Vous pourrez ou non, cumuler ces droits aux autres déjà constitués, au cas par cas, suivant votre situation.

De nombreux auto-entrepreneurs exercent cette activité, parallèlement à une activité salariée. Sachez que vous percevrez une pension de chacun des régimes auprès desquels vous aurez cotisé, une fois à la retraite. Si vous décidez de prendre votre retraite à l'âge de 65 ans aujourd'hui, ou 67 ans dans quelques temps – c'est-à-dire à l'âge où vous pourrez bénéficier du taux plein – l'ensemble des pensions auxquelles vous avez droit, seront automatiquement liquidées à taux plein, quelle que soit la durée pendant laquelle vous avez exercé en souscrivant ces régimes.

Néanmoins, ce n'est pas la même chanson si vous décidez de partir avant l'âge du taux plein, suivant votre classe d'âge. En effet, vous devrez alors justifier une durée d'assurance minimum. Elle sera de :

- 164 trimestres, si vous êtes nés en 1952 ;
- 165 si vous êtes nés en 1953 et 1954 ;
- 166 trimestres si vous êtes né en 1955.

Cette durée est établie, en fonction du total des trimestres obtenus auprès du régime des salariés et du RSI ou de la CIPAV, pour ce qui est de votre activité d'auto-entrepreneur. Concrètement, vous pourrez obtenir vos retraites à taux plein dans les deux régimes, si vous avez cotisé 160 trimestres dans le régime des salariés et 10 trimestres dans le RSI. Il y a quand même une limite : vous pouvez cotiser quatre trimestres au maximum, si vous êtes affilié à plusieurs régimes en même temps.

Un peu compliqué, au premier abord. En clair, si vous validez quatre trimestres cette année grâce au salaire que vous avez perçu dans le régime général et que votre chiffre d'affaires comme auto-entrepreneur vous donne droit à la validation de deux trimestres, on retiendra seulement quatre trimestres dans le calcul de votre durée d'assurance. Vous l'aurez compris, il ne faut pas rêver ! Cumuler deux activités ne vous permettra pas d'avoir plus vite la durée d'assurance nécessaire.

Si vous avez droit à une pension comme retraité du secteur privé ou public, vous pouvez en revanche la cumuler avec les revenus de votre activité d'auto-entrepreneur sans aucune limite, si vous cumulez votre retraite et votre activité d'auto-entrepreneur.

Vous aurez droit à une retraite versée au titre des cotisations auprès de la CIPAV ou du RSI lorsque vous cesserez votre activité professionnelle. Mais, exercer cette activité quelques années seulement, ne vous donnera pas accès à des sommes extraordinaires.

Prenez garde ! Si vous percevez déjà une retraite du RSI ou de la CIPAV et que vous cotisez en tant qu'auto-entrepreneur auprès du même régime, sachez que vos cotisations ne vous donneront aucun droit supplémentaire. Attention, car vous pouvez voir suspendre le versement de votre retraite actuelle, dans le cas où vous ne rempliriez pas les conditions pour le cadre du cumul intégral.

Enfin, si votre activité d'auto-entrepreneur est votre unique activité professionnelle, vous percevrez une retraite de base et une retraite complémentaire du RSI ou de la CIPAV, suivant les droits que vous aurez acquis dans ces régimes, arrivé à la retraite. Les règles sont alors les mêmes que celles pour les artisans et les commerçants qui sont affiliés au RSI et pour les professions libérales, à la CIPAV.

Entreprendre autrement

Hugues Sibille, adjoint du président du Crédit coopératif

Il existe en France une vraie diversité de coopératives, qui toutes font référence à la loi de 1947 et aux principes de l'Alliance Coopérative internationale (ACI). Les plus importantes en terme de poids économique sont les coopératives bancaires (60 % des comptes courant français) et les coopératives agricoles (+ de 50 % de l'agro alimentaire français). Mais il existe aussi des coopératives d'artisans, de commerçants de logements... Autre type de coopératives les sociétés coopératives et participatives (SCOP) qui sont des coopératives de salariés, au nombre de 2 040 dans l'hexagone, employant plus de 42 000 salariés et qui sont en croissance.

Pouvez-vous nous expliquer ce que sont précisément les SCOP ?

Les SCOP sont des entreprises commerciales, à forme coopérative (loi de 1978) dans lesquels les salariés sont aussi associés de l'entreprise et en détiennent la propriété. Dans ces entreprises, les excédents sont en partie mis en réserve et les réserves sont impartageables. On crée un patrimoine commun pour les générations à venir. Par ailleurs, les salariés maîtrisent la gouvernance, selon le principe démocratique : « un homme, une voix ». Ce sont les coopérateurs salariés qui élisent un conseil d'administration qui désigne les dirigeants.

Il y a tout de même un patron dans ce type de structure ?

Bien entendu il y a un patron, PDG ou Directoire, et une équipe de management, avec des responsabilités comme dans toute entreprise. Simplement, le dirigeant rend compte devant l'assemblée des salariés associés et non devant l'assemblée des actionnaires. Si la direction prend des décisions mal comprises par les associés, elle peut être mise en cause. Ces associés connaissent très bien l'entreprise puisqu'ils y travaillent. On ne leur raconte pas d'histoire. Les SCOP ont retenu comme slogan : « la démocratie nous réussit ».

Des milliers d'entreprises vont être transmises dans les prochaines années. Certaines d'entre elles peuvent-elles être transmises sous forme de SCOP ?
600 000 entreprises vont en effet voir partir leur patron dans les 10 ans à venir. Si le propriétaire souhaite laisser l'entreprise à des salariés qu'il connaît bien puis qu'il a longtemps travaillé avec eux, la formule SCOP est possible. Il faut alors précisément trouver un nouveau dirigeant, dedans ou dehors et faire un montage financier dans lequel les salariés rachètent l'entreprise à leur ancien patron. Cela peut permettre de maintenir l'emploi. En contrepartie, les salariés doivent souscrire du capital. Il y a là un gros potentiel. Le nouveau ministre de l'Économie sociale, Benoît Hamon, s'y intéresse et regarde comment faciliter la transmission.

Pouvez-vous donner des exemples de SCOP connues ?
Il y a d'abord Chèque Déjeuner que chacun connaît, pour utiliser des titres restaurant. C'est une magnifique SCOP de plusieurs milliers de salariés, avec une vraie vie coopérative et un succès international. Dans un tout autre registre, on pourrait citer le Théâtre du Soleil, la belle aventure d'Ariane Mnouchkine. Les SCOP ont aussi de belles réussites dans l'industrie avec ACOME ou Scopelec. Mais après avoir été surtout présentés dans l'imprimerie et le bâtiment, elles se développent maintenant surtout dans les services.

Un autre type plus récent de coopératives sont les SCIC. De quoi s'agit-il ?
La SCIC a été créé par une loi de 2002. C'est une société coopérative d'intérêt collectif. Elle permet d'associer autour d'un même projet plusieurs types de « parties prenantes » qui sont associés de la coopérative : les salariés, les usagers, des associations locales, la collectivité territoriale (jusqu'à 20 % du capital). La règle « un homme, une voix » est respectée. Ces entreprises sont inscrites au Registre du commerce, ce qui les distingue des associations 1901. Mais elles ont un objet d'utilité sociale. Elles avaient jusqu'ici besoin d'un agrément préfectoral, mais par souci de simplification celui-ci vient d'être supprimé. Il y en a à l'heure actuelle 250 et elles se développent vite. En particulier, elles intéressent les collectivités locales, qui y voient la possibilité de nouveaux partenariats publics-privés.

Comment est organisée la gouvernance d'une SCIC ?
Comme dans une coopérative avec le principe « un homme, une voix ».

Des personnes morales peuvent être associées de la SCIC. Également, les associés peuvent se regrouper par collèges. Cette gouvernance, certes un peu plus lourde, est très adaptée à des projets dans lesquels on veut que les différents partenaires du projet participent à l'affectio societatis de ce projet. Notamment sur le territoire.

Pouvez-vous donner des exemples de SCIC ?
D'abord WebSourd, qui est une SCIC basée à Toulouse, qui traduit en langage des signes pour les sourds et mal-entendants tout ce qu'on voit sur les écrans et permet maintenant aux sourds de pouvoir téléphoner. Ensuite, la SCIC OKHRA, à Roussillon, qui a relancé une activité de transformation des pigments ocres ; en y ajoutant des activités de formation et de tourisme local avec la visite des anciennes carrières. Mais on pourrait citer aussi Enercoop qui est une SCIC de production d'électricité par des énergies renouvelables. Les SCIC se développent dans de nombreux secteurs, en particulier l'environnement, l'énergie, la culture, la santé...

Contact :
www.credit-cooperatif.fr

Je vends sur internet

Attention aux limites à ne pas dépasser

C'**est la dernière schizophrénie,** puisque grâce aux nombreux sites de vente en ligne, finis les vide-greniers du dimanche après-midi, sous la pluie. Enfin presque.

eBay ou encore Price Minister déclarent des chiffres incroyables sur ceux de leurs internautes qui exerceraient une activité leur permettant d'en vivre au même titre qu'une activité professionnelle habituelle, et ceci uniquement à travers les services de leur plateforme (15 200 vendeurs professionnels sur eBay selon AC Nielsen).

Juridiquement, que risquez-vous ?

Le Code du commerce indique que le commerçant est « celui qui exerce des actes de commerce et en fait sa profession habituelle ». Ceci veut dire que pour acheter et revendre, vous devez créer normalement une entreprise. Toutefois, il n'existe aucun seuil limitant l'exercice de cette nouvelle passion des Français.

Quelques certitudes tout de même : la vente de produits neufs est réservée aux seuls professionnels inscrits au Registre du commerce. Vous devrez déclarer les revenus générés par la vente de vos produits. Si vous vendez à des clients à l'étranger, renseignez-vous bien sur les formalités douanières éventuelles. Les collectionneurs pourraient en effet rapidement se retrouver dans le collimateur de cette administration. La TVA ne s'applique pas aux particuliers qui revendent un bien personnel.

Pour ceux qui achètent pour revendre, non seulement la TVA s'applique, mais il faut également créer une entreprise. ■

Repères

L'APCE et eBay viennent de signer une convention pour accompagner l'engouement des nouveaux « entreprenautes » et susciter les meilleurs vendeurs, ces fameux *power salers*, à déclarer leur activité dès qu'elle devient régulière. En janvier 2006, un vendeur particulier alsacien sur eBay a été condamné pour infraction au Code du travail.

Pour en savoir plus

www.apce.com

www.ebay.fr

Créer une entreprise innovante

Des particulières pour un projet particulier

Pour en savoir plus

- www.oseo.fr.

Sur la JEI :

- www.recherche.gouv.fr/

Créer une entreprise innovante relève d'une combinaison de deux risques potentiels. La création d'une entreprise et la mise sur le marché de ce que l'on pense être une innovation.

Une création d'entreprise innovante se déroule en 5 étapes. Tout d'abord, l'idée et la validation de son intérêt ; puis la faisabilité juridique, technique et commerciale ; ensuite, le développement qui confirme un prototype et l'accueil de celui-ci par la clientèle potentielle. Alors viendra le prélancement, qui consiste à planifier toutes les étapes de la mise sur le marché. Enfin, la gestion du cycle de vie du produit grâce à une surveillance étroite entre vos prévisions et les réalités. OSEO dispose d'une panoplie complète d'aides ainsi que d'une puissance financière de soutien aux PME d'un montant de 400 millions d'euros pour les créateurs d'entreprises innovantes. Chaque étape nécessitant financement, conseil et accompagnement est jalonnée par une offre (aide à la création d'entreprise innovante, crédit d'impôt recherche, aide au recrutement pour l'innovation, etc.). ■

Le statut de « jeune entreprise innovante » (JEI)

Depuis 2004, ce statut, est accordé aux PME de moins de huit ans qui engagent des dépenses de recherche-développement représentant au moins 15 % de leurs charges, sous réserve qu'elles soient indépendantes.

La JEI bénéficie d'exonérations fiscales (impôt sur les bénéfices, impôts locaux, etc.) et sociales importantes (cotisations patronales) et peut combiner ces exonérations avec d'autres comme le crédit d'impôt recherche. Pour être une JEI, il suffit tout simplement de se déclarer à l'administration fiscale.

Attention aux activités sous forme d'association

Le fisc veille !

La France est la mère patrie des associations. Elle a célébré en 2001 le centenaire de la loi qui donna vie à cette forme d'organisation. En matière entrepreneuriale, et notamment lorsque vous mettez sur le marché un service d'aide à la personne, vous pouvez être tenté de le faire sous forme associative. Attention danger !

Une association mène des actions sans but lucratif et sa gestion doit rester désintéressée. À ce titre, les dirigeants ne touchent généralement aucune rémunération. Pour déjouer ceux qui tenteraient de contourner ces principes, l'administration fiscale a pour rôle d'apprécier le caractère lucratif de l'association. Il faut que la gestion soit désintéressée, c'est-à-dire exercée de façon bénévole. Dans le cas contraire, l'association est imposable. Puis, savoir si l'association concurrence le secteur commercial. Cela s'apprécie en évaluant si l'association exerce son activité comme une entreprise commerciale.

Les associations sans but lucratif, dont les recettes commerciales accessoires n'excèdent pas 60 000 euros par an, sont exonérées d'impôts commerciaux (impôt sur les sociétés, taxe professionnelle et TVA).

Au-delà, que faire ?

- soit scinder ses activités en deux secteurs,
- soit créer une entreprise pour gérer l'activité lucrative. ■

Repères

Pour en savoir plus sur le modèle associatif lucratif, non lucratif, à vocation sociale, faisant appel à la générosité du public : www.associationmodeemploi.fr

Association ou commerce traditionnel

Comment apprécier la concurrence faite par l'association au secteur commercial traditionnel ? Pour le déterminer, les services fiscaux étudient : le « produit » proposé par l'association, le « public » visé, les « prix » pratiqués et la « publicité » effectuée (règle des « 4 P »). Cet examen révèle les intentions lucratives de l'association.

Le cas particulier de la SCI

Une solution pour la gestion immobilière de l'entreprise

Pour en savoir plus
www.impots.gouv.

Une société civile immobilière, comme son nom l'indique, favorise la gestion d'un patrimoine immobilier. Elle facilite la séparation entre l'activité de l'entreprise que vous créerez et son immobilier affecté à la SCI. Ceci garantit plusieurs avantages, comme celui de vous prémunir contre d'éventuelles difficultés de l'entreprise. Une SCI permet aussi de préparer plus habilement la transmission de l'entreprise, puisqu'en cas de décès du propriétaire, sans elle, les héritiers détiennent des immeubles en indivision et le souhait de vendre d'un des héritiers oblige les autres.

Il faut être deux pour créer une SCI, particuliers ou personnes morales. La SCI est assujettie à la TVA selon qu'elle exerce une activité de location d'immeuble professionnel ou non. Elle peut également être redevable de l'impôt sur les sociétés ou simplement imposer une déclaration de leurs revenus fonciers aux associés. L'imprimé 2072 est à remplir chaque année et sert de base au calcul d'une contribution sur les revenus locatifs. ■

Devenir propriétaire à moindre coût

Il faut d'abord consulter un notaire, car l'opération est chirurgicale. Les associés d'une entreprise décident d'acheter des locaux qu'ils affectent à une SCI dont ils sont actionnaires. L'entreprise qu'ils dirigent loue ces locaux pour son activité à la SCI et, par ce biais, ils remboursent l'emprunt contracté et deviennent à terme propriétaires de l'immeuble à titre personnel. Prudence, car les loyers doivent être raisonnables, ne pas dépasser le remboursement de l'emprunt et des intérêts et les associés de la SCI devront payer à un moment de l'impôt foncier. À vos calculatrices…

Quel régime fiscal pour son entreprise ?

Bien comprendre le régime de taxation

Le régime fiscal concerne essentiellement le mode d'imposition des bénéfices de l'entreprise, qui dépend de son statut juridique. Par ailleurs, l'entreprise est assujettie à d'autres taxes, sur lesquelles nous reviendrons plus loin.

Les bénéfices de l'entreprise sont imposés selon deux régimes :

- **l'impôt sur le revenu (IR),** applicable aux entreprises individuelles, EURL, SNC. À ce stade, aucune distinction n'est faite entre les bénéfices de l'entreprise et les revenus du créateur ou des associés créateurs. Ils doivent déclarer ceux-ci aux titres des bénéfices industriels et commerciaux (BIC) si l'activité est industrielle, artisanale ou commerciale ; au titre de bénéfices non commerciaux (BNC) pour une activité libérale ;
- **l'impôt sur les sociétés (IS),** qui frappe les activités exercées sous forme de SARL, de SA et de SAS. À ce stade, une distinction s'opère entre le bénéfice de l'entreprise et les revenus des dirigeants. L'IS est la résultante des profits générés par l'entreprise en fin d'exercice après déduction d'une somme d'éléments comptables, parmi lesquels on compte la rémunération du ou des dirigeants et les charges de l'entreprise. La rémunération des dirigeants sera imposée au titre de l'impôt sur le revenu sur les salaires ; les bénéfices distribuables de l'entreprise, s'ils sont distribués, au titre de l'impôt sur le revenu sur les revenus mobiliers.

Le taux d'imposition des bénéfices se divise en deux parties. Une première tranche en deçà de 38 120 euros de bénéfices sera imposée au taux réduit

Repères

Un euro de bénéfice d'une société est taxé au niveau de l'impôt société, puis au titre des revenus de valeur mobilière, alors que dans l'entreprise individuelle, chaque euro d'excédent est considéré comme faisant partie de la rémunération du chef d'entreprise.

Repères
Pour plus de détails consultez votre centre des impôts ou www.impot.gouv.fr.

de 15 %, si 75 % au moins du capital de l'entreprise est détenu par une personne physique et que son chiffre d'affaires ne dépasse pas 7 630 000 euros. Au-delà de cette première tranche de bénéfice, le taux normal de 33 % s'applique.

COMMENT DÉTERMINER SON BÉNÉFICE IMPOSABLE DANS UNE ENTREPRISE INDIVIDUELLE ?

Les choses se compliquent légèrement.

- **Soit vous êtes rattaché au régime de la micro-entreprise.** L'imposition ne porte que sur le chiffre d'affaires diminué d'une quote-part de frais établie par l'administration. Si le bénéfice est imposé au régime des BNC (bénéfices non commerciaux), un abattement de 35 % s'applique dans la limite de 27 000 euros HT pour les entreprises réalisant des prestations de services. Si les bénéfices sont imposés au titre des BIC, l'abattement est de 50 % dans la limite de 76 300 euros HT pour les entreprises de livraison de biens, et de 27 000 pour les entreprises pratiquant d'autres prestations de services. L'entreprise est aussi exonérée de TVA.
- **Soit vous dépendez des régimes du réel et du réel simplifié.** Il concerne les seules activités soumises aux BIC. Ces régimes concernent les entreprises dépassant 76 300 euros de chiffre d'affaires HT pour les activités d'achat/vente, fournitures et denrées à emporter ou à consommer sur place, fourniture de logement et 27 000 euros pour les autres prestations de services. ■

Les autres composantes de votre régime fiscal

Par ailleurs, l'entreprise est soumise à d'autres formes de fiscalité : la TVA, l'impôt direct sur la consommation et la taxe professionnelle, qui œuvrent au financement des collectivités locales et territoriales. À celles-ci s'ajoute notamment une taxe de financement de vos institutions consulaires (Chambres de commerce et de métiers). Enfin, vous pourrez être mis à contribution au titre de la taxe sur les véhicules de sociétés, sur les salaires ou encore les plus-values professionnelles.

Adhérer à un Centre de gestion agréé (CGA)

Des avantages non négligeables

Ils ont été créés par une loi de 1974. Le rôle d'un CGA est de vous apporter une assistance à la gestion, une prévention fiscale et une réduction d'impôt. Les entreprises de toute forme juridique peuvent y adhérer. En revanche, seules les entreprises assujetties à l'impôt sur le revenu perçoivent la réduction d'impôt. Les adhérents ont droit à une réduction d'impôt égale aux frais exposés pour la tenue de leur comptabilité limitée à 915 euros par an et au montant de l'impôt à payer, ainsi que la possibilité de déduire le salaire du conjoint sans aucune limite.

Un Centre de gestion est obligatoirement une association agréée par les services fiscaux du département. En aucun cas il n'a pour fonction de tenir la comptabilité de ses adhérents, mais il est habilité à les former à la tenue de leur comptabilité et à établir leur déclaration fiscale.

Vos obligations et vos droits

Le Centre de gestion contrôle la cohérence de vos déclarations. À ce titre, vous devez les faire viser par un professionnel de la comptabilité et transmettre tout document comptable sollicité. En contrepartie, vous tirez profit d'un abattement supplémentaire de 20 % dans la limite de la fraction de bénéfices en deçà de 120 000 euros. À partir de 2007, cet abattement s'applique toujours mais n'apparaît plus distinctement. ■

Attention au CGA que vous choisissez !

Pour avoir droit à l'abattement fiscal dont nous parlons, vous devez adhérer à un centre de gestion avant la fin des trois premiers mois d'exercice. En outre, les cotisations varient fortement d'un centre de gestion à un autre. Aussi, demandez à votre expert-comptable de vous fournir le nom du moins onéreux auquel vous pouvez adhérer.

Pour en savoir plus

Fédération des Centres de gestion agréés ou FCGA (www.fcga.fr) ; Fédération française des Centres de gestion et d'économie de l'artisanat ou FFCGEA (www.ffcgea.fr).

Quel statut social pour le dirigeant ?

Un choix à faire en connaissance de cause

Repères
La Canam édite un guide très complet, *Objectif Entreprise*, à télécharger sur son site (www.canam.fr) au chapitre « Publications ».

On distingue deux régimes. Celui des salariés et celui des travailleurs non-salariés (TNS). Ceux-ci se subdivisent encore selon que l'entrepreneur démarre son activité ou qu'elle est déjà installée (au-delà du troisième exercice).

De nombreux régimes

Le régime des salariés s'applique uniquement à certaines catégories de dirigeants de société (gérants minoritaires de SARL, PDG de SA, etc.). Le régime des TNS englobant les entreprises individuelles et les gérants majoritaires de SARL.

Les régimes des salariés et des non-salariés divergent à tel point qu'ils finissent par ne jamais se retrouver, non seulement sur leurs caisses d'assurance maladie et d'assurance retraite ou sur leurs modèles d'assurance chômage (possible pour certains salariés et facultative pour les travailleurs non-salariés), mais aussi sur les assiettes de calcul des cotisations (CSG-CRDS, maladie-maternité, allocations familiales, formation professionnelle).

Enfin, pour simplifier le tout, le cas du créateur d'entreprise est encore particulier puisque, à ce stade, il est exonéré de certaines charges sociales en tant que bénéficiaire de l'ACCRE (aide aux chômeurs créateurs et repreneurs d'entreprises) qu'il porte la coiffe du salarié ou celle du TNS.

- **Pour ceux qui ne sont pas bénéficiaires de l'ACCRE,** les deux régimes appliquent les principes suivants : pour les salariés, les cotisations sont dues par l'entreprise à compter du versement de la rémunération et proportionnellement à celle-ci.

- **Pour les TNS,** les cotisations forment un montant unique, puisque la rémunération réelle ne sera connue des organismes sociaux qu'après déclaration de vos revenus. Attention, ce décalage consiste à ne pas payer sur le champ et donc à rattraper les charges de vos anciennes rémunérations les années suivantes.

Le « coup de massue »

Ce système est pervers pour votre trésorerie ! Vous entendrez souvent parler du coup de massue du troisième exercice car, à cette échéance, les régularisations des années précédentes deviennent lourdes. Pour information, les commerçants s'acquitteront, pour la première année d'exercice, d'environ 3 000 euros, les artisans de 3 500 euros et les professions libérales de 2 700 euros.

La loi initiative économique de 2003 a assoupli le principe en permettant de ne pas acquitter de cotisations provisionnelles la première année ou encore de demander un paiement échelonné des cotisations définitives dues au titre de ces douze premiers mois, sur une période de cinq ans.

Une façon de laisser un peu de mou aux créateurs d'entreprise... ■

Repères

Avant tout, prenez vos précautions et renseignez-vous bien sur les statuts qui vous sont proposés (salariés, non-salariés).
Les incidences en matière fiscale et de retraite, notamment si vous créez à l'approche de la cinquantaine, orienteront vos choix.

Pour vous aider à vous y retrouver

Pas de panique, tous ces régimes se distinguent avec facilité sur l'échelle de la complexité au moment où vous créez votre entreprise.
Pour vous aider, un site permet le calcul de toutes ces charges et la juste évaluation de leur poids financier dans votre comptabilité :
www.calcul.urssaf.fr
La protection sociale du créateur d'entreprise : commerçant, artisan, industriel, profession libérale (hors secteur médical et paramédical)
www.canam.fr

L'interlocuteur social des indépendants

Un régime particulier et simplifié

Repères
Pour en savoir plus, vous pouvez consulter le site du Régime social des indépendants : www.le-rsi.fr.

Depuis le début de l'année 2006, deux ordonnances mettent en ordre de marche le régime social des indépendants (RSI), qui regroupe les caisses d'assurance maladie et de retraite obligatoire des professions indépendantes.

Seuls les travailleurs non-salariés sont concernés par cette nouvelle mesure de simplification administrative.

Ce régime social des indépendants assume, entre autres choses, la protection sociale de plus de 4,3 millions d'assurés – artisans, commerçants, professions libérales –, ainsi que leurs ayants droit et reçoit chaque année plus de 7 milliards de cotisations.

Il regroupe le régime d'assurance vieillesse et invalidité-décès des artisans, celui des industriels et des commerçants et le régime maladie-maternité des travailleurs non-salariés agricoles.

Le RSI a été élaboré sur les bases de vingt-huit caisses régionales, ainsi que de deux caisses propres aux professions libérales dédiées à leur assurance maladie-maternité.

Concrètement, dans un premier temps, vous ne vous adresserez plus qu'à deux interlocuteurs au lieu de trois pour le recouvrement de vos cotisations personnelles. L'Urssaf gardera la main sur les cotisations d'allocations familiales, la CSG et le CRDS.

Puis, petit à petit, c'est-à-dire entre 2007 et début 2008, le travailleur indépendant n'aura plus qu'un seul intermédiaire en la personne de son interlocuteur du RSI. L'avantage de cette réforme réside dans la simplicité offerte au cotisant pour gérer tous ses dossiers, la retraite en premier lieu. ■

Le statut du conjoint collaborateur

Nouvelle loi, nouvelles possibilités

Il était de coutume que l'épouse du commerçant ou de l'artisan participe à l'activité régulière de l'entreprise sans être rémunérée comme le serait un salarié ou un associé. Cette fonction réelle, non-officialisée auprès des organismes sociaux et fiscaux, engendrait des situations socialement complexes dès lors que l'un des conjoints décédait ou décidait de divorcer.

La loi impose désormais un statut à celui ou celle qui participe à l'activité de l'entreprise de façon régulière, ou à temps partiel sous certaines conditions : celui de conjoint collaborateur, dès la création de l'entreprise. La loi prévoit des cotisations au régime d'assurance vieillesse de base, de retraite complémentaire et d'invalidité-décès du chef d'entreprise. Ce statut reste non-rémunéré. Il est déclaré sur l'honneur par le chef d'entreprise et indique de fait le conjoint comme présumé mandataire de son époux.

Cela permet à ce dernier d'assurer tous les actes de gestion courante (petits achats, relations avec les banques et les fournisseurs...) et d'éviter que l'entreprise se trouve paralysée, par exemple en cas de maladie de l'exploitant. ■

Repères

Un décret instituant ce statut vient d'être publié. Vous trouverez des informations auprès de votre Chambre des métiers.

La couverture sociale des conjoints collaborateurs

En cas de maternité, l'épouse collaboratrice touche une allocation forfaitaire de repos maternel (2 714,14 euros) mais également une allocation pour se faire remplacer par une personne salariée. Le conjoint n'étant pas salarié, donc non-cotisant au régime d'assurance maladie, est toutefois couvert en qualité d'ayant droit du chef d'entreprise. Le conjoint collaborateur bénéficie aussi d'un droit personnel au titre de la formation professionnelle continue.

Pour en savoir plus : www.canam.fr
www.organic.fr

Penser à sa retraite dès la création

À chacun sa retraite

L'épargne salariale
L'épargne salariale est ouverte aux chefs d'entreprise de moins de 100 salariés, comme aux salariés. Elle permet, par exemple au travers d'un plan d'épargne entreprise (PEE) ou d'un plan d'épargne retraite collectif (PERCO), de se constituer un capital de valeurs mobilières disponible au bout de cinq ans ou au départ en retraite.

Eh oui ! Créer, c'est prévoir, comme dit le proverbe. Votre retraite s'imposera donc parmi vos premiers dossiers. Si, par hasard, lecteur de ces lignes, votre âge ne dépasse pas encore les trente ans, ne fuyez pas. Il existe trois régimes distincts de retraite, dont le fonctionnement a été repensé par la loi du 21 août 2003.

Les artisans et commerçants

Pour les commerçants et les artisans, le régime est composé de deux parties : une retraite de base et une retraite complémentaire obligatoire. Leur retraite de base est « alignée » sur celle des salariés, c'est-à-dire que le régime garantit des pensions égales à celles que perçoivent les salariés du secteur privé pour des cotisations identiques.

Le montant de cette retraite dépend du revenu annuel moyen calculé à partir des meilleures années, dans la limite du plafond de la Sécurité sociale. La retraite complémentaire est obligatoire pour tous, et non plus seulement pour les artisans.

Retraite des artisans et des commerçants

Si vous avez cotisé la durée nécessaire pour obtenir le « taux plein », le montant de votre pension de base sera calculé au taux de 50 % sur la moyenne des revenus perçus pendant vos meilleures années et dans la limite du plafond de la Sécurité sociale (2 476 euros mensuels en 2004). Sinon, le taux sera diminué par l'application d'une décote égale à 2,5 % par trimestre manquant. La décote ne peut cependant excéder 50 % (soit 2,5 % x 20 trimestres). Elle sera abaissée pour chaque génération atteignant l'âge de 60 ans à partir de 2004, jusqu'à atteindre, d'ici une dizaine d'années, la moitié du taux actuel (soit 1,25 %).

Les professions libérales

Après la réforme, il est mis en place une cotisation proportionnelle unique, déterminée en pourcentage des revenus non salariés. Les cotisations sont calculées chaque année, sur le revenu de l'avant-dernière année dès que le revenu professionnel est déclaré.

En début d'activité, soit les deux premières années du fait du décalage mentionné ci-dessus, les cotisations des professions libérales correspondent donc à un forfait. Ces cotisations peuvent être étalées sur cinq ans au maximum.

Les dirigeants salariés et gérants minoritaires

68 % des actifs, soit 18 millions de personnes, relèvent des régimes généraux des salariés et salariés agricoles, qui comprennent les dirigeants salariés et les gérants de société minoritaires. Leur retraite est composée de deux parties obligatoires – elles sont au nombre de trois pour les cadres et les entrepreneurs concernés : une retraite de base et une retraite complémentaire.

- **Le montant de la retraite de base** est fonction de la durée de cotisation et du salaire annuel moyen.
- **Les retraites complémentaires** sont des régimes par points.

Pour bénéficier d'une retraite à taux plein, la réforme conserve une durée de cotisation à 160 trimestres pour ceux concernés avant 2009, puis avant 2013 la durée augmente à 164 trimestres. Après cette date, le texte souffre de « jargonaphasie », méfiance... ■

La loi Madelin

Les travailleurs non-salariés peuvent se constituer, en déduction du revenu imposable issu de leur activité, un complément retraite par capitalisation sous forme de rente viagère dont le montant est fonction de l'épargne acquise. C'est, à terme, un complément de revenus exonéré des charges : là est l'avantage. Prévoyez dans votre contrat une clause de reversion en cas de décès au profit de votre conjoint.

Repères

Pour en savoir plus concernant la loi Madelin, vous pouvez consulter le site : www.retraite.gouv.fr.

Statuts et structures juridiques

	SCOP*	Association	Entreprise individuelle
Associé	Actionnaires salariés : 2 à 100 pour SARL ; minimum 7 pour SA Investisseurs : ne travaillent pas dans l'entreprise Aucun associé ne peut être majoritaire	2 membres au moins	L'entrepreneur
Capital	SARL : au moins 2 parts d'un minimum de 15,24 euros SA : au moins 18 500 euros (1/4 libérable à la constitution)	Aucun. Versement de cotisations	Aucun
Dirigeant	Management participatif : un salarié = 1 voix	Le président.	Le chef d'entreprise
Responsabilités	1 = faute de gestion 2 = Limité aux montants des apports. sauf si garanties personnelles exigées par les établissements de crédits	1 = si faute de gestion il y a, civile et pénale 2 = non concerné	1 = indéfinie 2 = non concerné
Régimes fiscaux des revenus. Bénéfices et rémunération dirigeants	Impôt sociétés : exonérations possibles. 1 + 2 = impôt revenu. Les résultats sont répartis selon certaines règles.	Association : non imposée sauf pour les activités à but lucratif. Dirigeant rémunéré : impôt revenu = salaires (but lucratif = BNC)	Impôt revenu = BIC (activités commerciales et artisanales) BNC (activités libérales)
Régime social du dirigeant	Régime des salariés	Bénévole : aucun Dirigeant rémunéré : régime général si gestion désintéressée	Régime TNS (travailleurs non salariés)
Avantage et inconvénients	A = pouvoir partagé et management participatif I = peut sembler complexe	A= simplicité I = pas de partage des bénéfices entre membres	A = simple et pouvoir total pour le dirigeant I = responsabilité totale

1 = Dirigeant ; 2 = Associés ; A = Avantage ; I = Inconvénient

d'une entreprise : récapitulatif

<table>
<tr><th>EURL</th><th>SARL</th><th>SAS/SASU</th><th>SA</th></tr>
<tr><td>Un seul (personne physique ou morale), à l'exception d'une autre EURL</td><td>De deux à cent au maximum (personnes physiques ou morales)</td><td>Un au minimum (personne physique ou morale)</td><td>Sept au minimum (personnes physiques ou morales)</td></tr>
<tr><td colspan="3">Capital social obligatoire sans montant minimal</td><td>Minimum : 37 000 euros (50 % à libérer à la souscription)</td></tr>
<tr><td>L'associé-gérant ou le gérant non-associé</td><td>Un ou plusieurs gérants, associés ou non</td><td>Liberté statutaire, mais obligation de nommer un Président</td><td>3 à 18 membres (actionnaires) dont 1 prés. (pers. physique) + éventuel. un dir. gén.</td></tr>
<tr><td>1 = personnelle si faute de gestion
2 = limitée au montant des apports sauf si garanties personnelles exigées par les établissements de crédits</td><td colspan="3">1 = personnelle si faute de gestion
2 = limité au montant des apports, sauf si garanties personnelles exigées par les établissements de crédits.</td></tr>
<tr><td>Bénéfices imposés à impôt sur le revenu. Si option impôt société : salaires = impôt revenu</td><td>Impôt sociétés (option possible pour l'impôt sur le revenu si elle est constituée entre les membres d'une même famille). Si impôt sur les sociétés : impôt revenu = salaires</td><td colspan="2">Impôt sur les sociétés
Rémunération dirigeants :
Impôt revenu = salaires</td></tr>
<tr><td>Régime TNS (travailleurs non salariés) sauf si le gérant n'est pas l'associé unique</td><td>Régime des assimilés salariés (gérant minoritaire ou égalitaire) ou régime TNS (gérant majoritaire)</td><td>Régime des assimilés salariés</td><td>Président et DG sont « assimilés salariés »</td></tr>
<tr><td>A = SARL mais seul
I = léger formalisme</td><td>A = responsabilité limitée aux apport et structure évolutive
I = Un formalisme accessible et souhaitable</td><td>A = souple pour entreprise d'une certaine taille ne souhaitant pas faire appel public à l'épargne
I = formalisme et frais de constitution</td><td>Concerne les entreprises d'une certaine taille où avantages et inconvénients peuvent être opposés selon qu'on soit dirigeants ou associés.</td></tr>
</table>

* À noter : une SCOP est tout même une société commerciale de type SA ou SARL.

Chapitre 3

Se faire accompagner : aides et réseaux de soutien

Créer en conservant ses aides Assédic

Des nouveautés législatives

Repères
L'aide concerne les demandeurs d'emploi indemnisés créateurs ou repreneurs d'une entreprise depuis le 18 janvier 2006.

Passer d'un statut de salarié, rémunéré à ce titre par votre entreprise, à celui d'entrepreneur, rémunéré par la seule valeur créée grâce à vos clients, entraîne des baisses importantes de rémunération durant les premiers mois de la vie de l'entreprise. Depuis quelques années, il est possible, pour ceux d'entre vous, demandeurs d'emploi qui plongez sans état d'âme dans la création de d'entreprise, de conserver le bénéfice de vos aides Assédic. Depuis début 2006, il est également possible de recevoir cette aide sous la forme d'un capital.

- **Toucher votre aide chaque mois :** pour percevoir votre aide au retour à l'emploi (ARE) pendant 15 mois, il faut rester inscrit sur la liste des demandeurs d'emploi, toucher une rémunération tirée de la nouvelle activité inférieure à 70 % de la rémunération antérieure.
- **Recevoir cette aide sous forme de capital :** vous pouvez bénéficier de la moitié du reliquat des droits qu'il vous reste à recevoir par l'assurance chômage sous la forme de capital. Il sera versé pour moitié lors de l'immatriculation de l'entreprise, et le reste 6 mois après le début d'activité. ■

Comment faire ?

Pour toucher ce pécule constitutif de votre capital, vous devez signaler le projet de création ou de reprise d'entreprise à Pôle Emploi, avoir obtenu l'ACCRE et cesser d'être inscrit sur la liste des demandeurs d'emploi. Cette aide n'est pas cumulable avec le maintien de vos allocations au démarrage de l'entreprise. Les formulaires pour cette aide sont en cours d'édition, renseignez-vous auprès de votre centre Assédic pour connaître la forme à adopter afin de la recevoir (lettre sur papier libre). **Pour en savoir plus :** www.travail.gouv.fr et www.apce.com.

Aider les créateurs à entrer dans le tissu économique

Louis Schweitzer, président de France Initiative

Permettre à des entrepreneurs de créer leur entreprise, mais aussi et surtout leur donner la possibilité de s'insérer dans le tissu économique : telle est la volonté d'Initiative France, nouveau nom de France Initiative depuis le 1er octobre 2012, premier réseau associatif d'appui à la création d'entreprises. Le réseau, créé il y a 27 ans, compte 230 plateformes au service du développement économique territorial. Elles sont réparties dans toute la France et dans les DOM et elles comptent 700 salariés et plus de 14 000 bénévoles.

Avec 16 000 entreprises financées chaque année, Initiative France conforte sa position de premier réseau de micro-crédit professionnel ?

Nous prêtons effectivement chaque année de l'argent à des personnes qui veulent se lancer dans la création d'entreprise. Ces prêts d'honneur, sans garantie et sans intérêt, s'élèvent en moyenne à 8 150 euros. Le total des prêts d'honneur accordés en 2011 a atteint 154,1 millions d'euros. Avant d'obtenir un prêt, le créateur doit passer devant un comité d'agrément. Nous l'aidons si nécessaire à reformuler son projet et nous l'accompagnons ensuite pendant trois ans. Une fois le prêt obtenu, il constitue un laissez-passer extraordinaire auprès des banques. La somme que nous prêtons permet un effet de levier qui était en moyenne de 8,2. Cela signifie qu'à chaque fois que nous prêtons 10 000 euros, ce sont en moyenne 82 000 euros de prêts bancaires qui sont ensuite attribués.

Avant d'obtenir un prêt, le créateur doit passer devant un comité d'agrément. Nous l'aidons si nécessaire à reformuler son projet et nous le suivons ensuite pendant trois ans. Une fois le prêt obtenu, c'est un laissez-passer extraordinaire auprès des banques.

Quelles sont les personnes qui obtiennent ainsi l'appui des plateformes d'initiative locale ?

Pour la grande majorité, c'est leur première création d'entreprise. Plus de deux sur trois sont au chômage. 35 % sont des femmes. Près d'un créateur sur quatre a moins de 30 ans.

Nous regardons si l'idée peut rentrer dans des normes d'économie marchande. Nous vérifions que le projet est viable. S'il le faut, nous réexaminons le dossier et aidons le porteur à corriger ou peaufiner son projet.

Si l'État nous aidait à créer ne serait-ce qu'un emploi par plateforme d'initiative locale, nous pourrions doubler le nombre d'entreprises que nous aidons chaque année et passer de 11 000 à 22 000 !

Faut-il que le projet du créateur soit abouti ou recevez-vous également les projets «embryonnaires » ?

Un projet embryonnaire suffit. Nous regardons si l'idée peut rentrer dans des normes de l'économie marchande et si le projet est viable. S'il le faut, nous aidons le porteur à corriger ou peaufiner son projet. La personnalité du futur chef d'entreprise compte évidemment beaucoup. Nous recevons environ 47 000 projets par an, un peu plus de 19 165 passent en comité d'agrément et nous en finançons 16 000.

Vous aidez finalement les créateurs à s'insérer dans le tissu économique ?

C'est l'une de nos forces. Nous sommes des acteurs du développement économique territorial. D'ailleurs, la moitié de nos financements provient des collectivités territoriales. Les créateurs ou les repreneurs (33 % des projets sont en fait des reprises) entrent véritablement dans le tissu économique, car ils rencontrent ainsi des acteurs, reçoivent l'appui de parrains et de chefs d'entreprise et font éventuellement partie d'un club de créateurs.

Qui sont ces parrains qui aident les créateurs au sein de France Initiative ?

À partir du moment où l'agrément de prêt a été donné, un bénévole du réseau peut parrainer le créateur. Le parrain est le plus souvent un chef d'entreprise, un cadre dirigeant ou un jeune senior qui sont prêts à donner de leur temps et de leur expérience pour aider les créateurs. Ils apportent au créateur un appui autant psychologique que technique. Leur rôle est très utile. Trois ans après leur création, 85 % des entreprises aidées par les plateformes du réseau sont toujours en activité.

Contact :

www.initiative-france.fr

L'ACCRE (Aide aux chômeurs créateurs et repreneurs d'entreprises)

Un dispositif à connaître

Ce dispositif a longtemps incité les demandeurs d'emploi à créer leur entreprise en les exonérant de cotisations sociales, pour une partie au moins.

Le demandeur d'emploi qui décide de créer ou de reprendre une entreprise peut bénéficier, sous certaines conditions, d'une aide financière de la part de Pôle emploi : l'aide à la reprise ou à la création d'entreprise (Arce).

Pour en bénéficier, le demandeur d'emploi doit avoir obtenu l'aide au chômeur créant ou reprenant une entreprise (ACCRE). Le demandeur d'emploi doit formuler une demande d'aide auprès de l'agence Pôle emploi dont il dépend. Le montant de l'aide est égal à 45 % des allocations chômage restant dues au jour de la création ou de la reprise de l'entreprise ou à la date d'obtention de l'ACCRE si cette date est postérieure à la date de création ou de reprise de l'entreprise.

Le versement de l'Arce s'effectue en 2 fois :

- un premier versement égal à la moitié de l'aide est effectué à la date à laquelle le demandeur d'emploi réunit les conditions d'attribution de l'Arce, sous réserve qu'il cesse d'être inscrit sur la liste des demandeurs d'emploi,
- le solde est versé 6 mois après la date de création ou de reprise d'entreprise, sous réserve que l'intéressé exerce toujours l'activité au titre de laquelle l'aide a été accordée.

En cas de cessation d'activité de l'entreprise, le demandeur d'emploi retrouve les droits à allocations chômage qui lui restaient à la veille de la création ou de la reprise de son entreprise.

Ces droits sont toutefois diminués du montant de l'Arce qui lui a été versée. ■

Repères

Pour bénéficier de l'Arce, le demandeur d'emploi doit avoir obtenu l'aide au chômeur créant ou reprenant une entreprise (ACCRE).
L'Arce ne peut être attribuée qu'une seule fois par ouverture de droits.
Elle n'est pas cumulable avec :
- l'aide différentielle de reclassement,
- le maintien de l'ARE prévu en cas de reprise d'activité occasionnelle ou réduite.

Informations sur :

http://vosdroits.service-public.fr/F15252.xhtml

Le congé pour création ou reprise d'entreprise

Une solution rassurante

À noter
Le contrat de travail n'est pas rompu, il est simplement suspendu, de même que le versement de votre salaire. Certaines obligations demeurent cependant, notamment celles de discrétion et de loyauté du salarié envers l'employeur.

Ce congé permet à tous salariés de créer ou de reprendre une entreprise. Vous disposerez d'un an, renouvelable une fois (l'employeur ne peut s'opposer au renouvellement), afin de mener à bien votre projet.

À l'issue du congé, quels sont les choix qui s'offrent à vous ?

- **Cesser l'activité salariée** et démissionner.
- **Reprendre votre poste,** avec un niveau de qualification et un salaire équivalent, sans être tenu de fournir à l'employeur la preuve de la création ou de la reprise de l'entreprise (Cour de cassation, chambre sociale, 01/12/2005).

Tous les salariés d'entreprises privées peuvent bénéficier de ce dispositif, sous certaines conditions : avoir au moins vingt-quatre mois d'ancienneté et ne pas avoir déjà bénéficié de ce dispositif au cours des trois dernières années.

D'autres dispositifs existent pour les fonctionnaires (mise en disponibilité pour création d'entreprise) et pour les salariés de certaines grandes entreprises. ■

Comment procéder ?

Si l'employeur conserve la possibilité de refuser cette demande de congé, il doit cependant motiver ce refus. La demande de congé, avec mention de l'activité envisagée, doit être adressée à l'employeur deux mois avant sa prise d'effet par lettre recommandée avec AR. L'employeur dispose d'un délai de 30 jours pour donner sa réponse et le salarié de 15 jours pour contester la décision de refus devant le conseil des Prud'hommes. Si d'autres salariés bénéficient d'un congé pour création d'entreprise, l'employeur peut différer la date de début de congé.

La formule des chèques-conseil

Une aide pour un soutien...

Cet outil peut être compté au rang des soutiens pratiques indiscutables pour le créateur puisqu'il permet de faire appel aux conseils de professionnels sans débourser la moindre somme. Toutefois, depuis quelques années, on déplore de nombreux gels de crédits concernant cette aide. Alors armez-vous de toute votre patience et renseignez-vous sur ce point.

Les chèques-conseil permettent aux porteurs de projet éligibles à l'ACCRE de payer une grande partie des heures d'accompagnement des conseillers auxquels a recours tout chef d'entreprise (avocats, conseils en développement, stratégie, finance, fiscalité, communication, publicité, marketing et notaires). Les organismes habilités figurent sur une liste établie par le préfet de département.

Combien ?

La valeur nominale d'un chèque s'élève à 45,74 euros, et la validité du chèque est de 12 mois. L'heure de conseil étant facturée 60,98 euros TTC par les prestataires agrémentés, le créateur ne débourse réellement que 15,24 euros.

Avant d'être déclaré éligible à l'ACCRE, vous pourrez retirer douze chèques-conseil, et dix-huit si vous faites la demande après la création de l'entreprise. Si vos demandes sont fractionnées avant et après la création, des dix-huit auquel vous avez droit, sera fait déduction des douze obtenus avant.

Vous pouvez profiter des chèques-conseil aux mêmes conditions de situation que celles fixées pour l'ACCRE (voir page 87). ■

Repères

La demande de chéquiers-conseil doit être effectuée auprès de la direction départementale du Travail, de l'Emploi et de la Formation professionnelle (formulaire CERFA n° 12258*02). Elle peut être faite avant ou après la création de l'entreprise. Pour en savoir plus : www.travail.gouv.fr

Créer en ZFU ou en ZUS

Zone franche urbaine ou zone urbaine sensible

Repères
Pour en savoir plus sur Talents des cités, vous pouvez consulter les sites :
- www.ville.gouv.fr
- www.talentsdes cites.com

Ces sigles sont souvent associés aux problèmes les plus sensibles que rencontrent les habitants ou les élus d'une région : le chômage, l'insécurité ou encore la pauvreté. Les dispositifs qui leur sont associés apportent certaines réponses à des quartiers qui manquent cruellement de créateurs d'entreprise.

ZUS, ZRU et ZFU

Ces trois sigles – ZUS (zone urbaine sensible), ZRU (zone de redynamisation urbaine) et ZFU (zone franche urbaine) – désignent des quartiers prioritaires, dont les habitants souffrent plus que d'autres des maux du chômage et de l'exclusion. La différence entre ces zones repose sur les niveaux de difficultés urbaines, économiques et sociales. Les ZFU sont considérées comme étant les plus touchées (elles sont au nombre de 100 en France).

Les petites entreprises qui se créent dans un quartier classé en zone urbaine sensible (ZRU et ZFU incluses) peuvent bénéficier d'aides financières du Fonds de revitalisation économique (FRE) géré par les préfectures. Si c'est votre cas, vous toucherez une aide au démarrage, dont le montant est fixé à 3 050 euros, et une aide à la réalisation d'investissements pouvant atteindre 22 870 euros.

De plus, si l'entreprise créée est implantée en ZRU ou ZFU, vous bénéficierez d'une exonération totale sur les bénéfices réalisés pendant deux ans (cinq ans en ZFU), puis partielle les trois années suivantes (trois à neuf ans dans une ZFU). En outre, sur le plan fiscal, l'entreprise sera exonérée de taxe professionnelle pendant cinq ans.

Quels avantages ?

En terme social, le chef d'entreprise sera acquitté de cotisations sociales également pendant cinq ans et ne paiera pas de cotisations sociales patronales pour les salariés embauchés. Toutefois, pour jouir de cela, si vous créez dans une ZUS, obligation vous sera faite de recruter au moins les deux tiers de vos collaborateurs à cet endroit, mais seulement après vos deux premières embauches.

Toutes ces mesures comportent des plafonds et des seuils de dégressivité. Vous pourrez obtenir toutes les informations auprès de votre préfecture et sur le site de la délégation interministérielle à la Ville. Mairie, chambres consulaires et Urssaf vous aideront à monter vos dossiers.

Environ 14 000 entreprises ont été créées en zones franches urbaines et concernent environ 70 000 salariés. Les secteurs d'activité représentés sont essentiellement les services aux entreprises, la construction et les transports. ■

Repères

La journée nationale des quartiers met en avant les initiatives économiques les plus positives pour l'image des banlieues.

Talent des cités

Talent des cités est une opération originale qui récompense les porteurs d'un projet ou les créateurs d'une association, d'une entreprise, dans les quartiers en difficulté ou en zone franche urbaine.

Vous pouvez concourir au niveau local, puis national, si vous êtes sélectionnés. Les vainqueurs sont choisis par un jury prestigieux et récompensés par deux prix financiers, l'un local et l'autre national.

Les aides aux femmes créatrices d'entreprise…

… et le Fonds de garantie pour la création d'entreprise solidaire (FGES)

Repères
Un Davos féminin a vu le jour en 2005. C'est la reconnaissance internationale du poids incontestable des femmes dans l'économie.

La gente féminine représente 26 % du bataillon des créateurs d'entreprise. Leurs créations furent longtemps cantonnées dans les activités du commerce de détail et, malheureusement, souvent sanctionnées par des taux d'échec plus importants que ceux de leurs homologues masculins. Ce temps est révolu et vous êtes, mesdames, de plus en plus nombreuses à tenter l'aventure.

Le Fonds de garantie pour la création à l'initiative des femmes (FGIF)

Pour assurer votre fonds de roulement, il existe le Fonds de garantie pour la création à l'Initiative des femmes. Il garantit un prêt bancaire à hauteur de 70 % du montant sans demande de garanties personnelles. Le prêt concerné par la garantie doit se trouver dans une fourchette de 5 000 à 26 678 euros. Il vous en coûtera pour la garantie 2,5 % du montant versé à France Active, gestionnaire du fonds. N'omettez pas que le prêt est une chose, et que la garantie en est une autre. De fait, parallèlement à votre demande à la banque, vous devrez remplir un dossier pour la garantie, accessible auprès des délégations régionales et départementales aux droits des femmes ou auprès de France Initiative Réseau et France Active.

En outre, il existe de nombreux organismes d'aide aux femmes, qui mettent en œuvre des programmes d'accompagnement et d'aide au financement des entreprises qu'elles créent. Au rang de ceux-ci, vous trouverez le Centre national d'information et de documentation des femmes et des familles (CNDIFF) ou encore RACINE (Réseau d'accompagnement des créations et initiatives avec une nouvelle épargne de solidarité) dont l'objectif est l'insertion économique des femmes. Il gère le Clefe (le club local d'épargne pour les femmes qui entreprennent) qui accorde des prêts d'un montant situé entre 3 049 et 7 622 euros.

Pour sa part, l'ANPE dispose de l'ARAF (l'Aide à la reprise d'activité des femmes), conçue pour permettre la reprise d'activité de celles inscrites comme demandeuses d'emploi, non indemnisées par l'assurance chômage, ou titulaires des minima sociaux, mères d'un ou plusieurs enfants de moins de six ans.

Créatrices d'entreprise, l'ANPE vous accorde un petit coup de main de 305 à 460 euros, versé une seule fois sur une année, mais renouvelable afin de faire garder vos enfants.

Enfin, quoique créatrices, vous n'en gardez pas moins votre légendaire solidarité féminine, encore plus importante à ce stade de votre vie professionnelle. Alors pour l'exercer, rencontrez des femmes qui vivent comme vous cette belle aventure (www.actionelles.com ou www.lerosedanslegris.fr).

Le Fonds de garantie pour la création, la reprise ou le développement des entreprises solidaires (FGES)

Géré lui aussi par France Active, ce fonds est ouvert aux entrepreneurs de l'économie sociale et solidaire qui souhaitent créer, reprendre ou développer des entreprises solidaires* (associations d'utilité sociale, porteuses de projets innovants, désireuses de pérenniser les emplois-jeunes ou développant des programmes européens ; Sociétés coopératives d'intérêt collectif (SCIC) ; entreprises de moins de 50 salariés relevant du champ de l'économie solidaire). La garantie concerne des prêts sollicités pour des investissements en matériels, en véhicules, en travaux ou en acquisitions immobilières. La garantie concerne des sommes allant de 5 000 à 75 000 euros, consenties pour une durée de deux ans délivrée sans aucune garantie ou caution personnelle. ■

* Entreprises solidaires, au sens de l'article L443-3-1 du Code du travail. Pour en savoir plus : • www.franceactive.org • www.anpe.fr • www.racines-clefe.com

Le coût du Fonds de garantie solidaire (FGES)

Une cotisation non remboursable de 1,5 % du montant garanti et une commission d'engagement de 1,5 % du montant garanti du prêt.
Comment faire ?
Constituer le dossier de demande de garantie, puis le remettre à la banque qui vous délivre le prêt ; celle-ci l'envoie au fond de garantie.

Pour en savoir plus

www.franceactive.org/

Des aides pour le cinéma et la culture

Ou encore pour créer au soleil

Repères
Pour en savoir plus :
IFCIC, 46, avenue Victor Hugo, 75016 Paris
tél. : 01 53 64 55 55
et sur www.ifcic.fr.

La passion est un moteur puissant de la création d'entreprise. La culture en général et le cinéma en particulier mêlent ce sentiment avec le souhait du plus grand nombre de réussir son projet professionnel.

L'Institut pour le financement du cinéma et des industries culturelles

L'IFCIC (Institut pour le financement du cinéma et des industries culturelles), créé en 1983, a pour mission de faciliter l'accès des entreprises de ce secteur au financement bancaire. L'Institut apporte sa garantie financière aux établissements bancaires qui accordent ainsi plus facilement des crédits.

En cas de défaillance de l'entreprise, la perte de la banque est partagée avec l'IFCIC.

La garantie peut couvrir les crédits aux entreprises destinés au financement des besoins de celles-ci (création ou rachat d'entreprise, investissement immobilier, acquisition de droits, etc.), mais également à la production cinématographique ou audiovisuelle (financement de l'ensemble des dépenses de préparation, production, post-production, promotion d'une œuvre cinématographique ou télévisuelle).

Le taux de garantie est en général de 50 % à 70 %. Son coût s'élève à 1 % de la somme garantie. Au-delà de la garantie, l'IFCIC intervient également auprès de l'entrepreneur pour préparer son dialogue avec le banquier.

Sont éligibles à cette garantie : les PME qui produisent, fabriquent ou commercialisent des produits culturels (architecture, art, art plastique, audiovisuel, cinéma, livre, multimédia, musique, patrimoine, photographie, théâtre, spectacle vivant).

Les aides pour le cinéma

Il existe par ailleurs toute une série d'aides destinées à soutenir la production cinématographique. Pensez à vous adresser au Centre national de la cinématographie (cnc.fr), aux fondations (la fondation Gan pour le cinéma, par exemple). Le site du ministère de la Culture recense les différents organismes qui peuvent vous aider en fonction du type de production (www.culture.gouv.fr)

Créer au soleil : les dispositifs spécifiques pour les DOM-TOM

Pour soutenir l'initiative dans ces lieux si différents, plusieurs dispositifs généraux ont été mis en place.

Le Projet Initiative-Jeune : il prévoit une aide pour les jeunes souhaitant poursuivre leur formation hors de leur département d'origine (indemnité mensuelle versée pendant 2 ans), mais également une aide à la création et reprise d'entreprise pour les jeunes âgés de 18 à 30 ans (pouvant atteindre jusqu'à 7 317 euros).

L'exonération d'impôt sur les sociétés pendant 10 ans. Sont concernées : les sociétés nouvelles créées dans les DOM avant la fin de l'année et les sociétés existantes à cette date ayant développé une nouvelle activité dans les départements d'outre-mer.

L'abattement de 33,33 % sur les résultats des exploitations situées dans les DOM. Les secteurs concernés sont : agriculture, artisanat, BTP, énergies nouvelles, hôtellerie, industrie, maintenance, pêche, transport, tourisme.

Chaque collectivité dispose ensuite de moyens de soutien aux entreprises existantes (prime régionale à la création d'entreprise, fonds de garantie, pépinière, aide aux investissements...). En Guadeloupe par exemple, le conseil régional accorde aux nouvelles entreprises une subvention de 50 % du montant HT de leurs investissements, plafonnée à 22 867 euros. Elle est cumulable avec d'autres aides publiques dans la limite de 75 % du montant total des investissements. ■

Repères

La création récente à l'IFCIC de deux fonds dotés par l'État : l'un d'avance aux industries musicales doté d'environ 2 millions d'euros ; l'autre de garantie pour la presse, doté de 8 millions d'euros. Ces fonds concernent les entreprises indépendantes du secteur de la presse et de la musique, confrontées à la mutation de leurs marchés, rencontrant des difficultés d'accès aux financements et de garanties des concours bancaires. Les demandes doivent être faites par les banques auprès de l'IFCIC.

Des aides venues des grandes entreprises

Le principe de l'essaimage

À l'instar des fourmis et des termites, dont certains groupes quittent leur colonie pour aller en bâtir une autre, on parle d'essaimage si votre ancien employeur vous apporte un soutien lorsque vous créez une entreprise. Cette forme de création d'entreprise est très efficace, puisque vous bénéficiez de conseils, d'une logistique, de mesures d'adaptation de votre temps de travail et de financements, tout ceci sans rupture avec votre environnement. Cet aspect psychologique associé aux outils de soutien fait que les entreprises essaimées échouent moins et créent plus d'emplois que la moyenne (5 emplois pour moins de 3 dans les autres).

Pourquoi l'entreprise vous aide-t-elle ? Alors que l'essaimage a longtemps été utilisé pour soutenir les plans sociaux des grandes entreprises, aujourd'hui il permet aussi à ces sociétés d'établir une relation gagnant-gagnant avec ses collaborateurs, d'externaliser une activité innovante sans grande relation avec son core business (cœur de métier) ou encore de valoriser un brevet dormant. ■

Le contrat d'appui au projet d'entreprise

La loi d'initiative économique a institué le contrat d'appui au projet d'entreprise (CAPE). Il permet à une entreprise d'accompagner le projet d'un salarié pendant une période de douze mois, reconductible deux fois. Seuls les salariés à temps partiel sont concernés pour l'instant. En outre, les salariés ayant négocié leur départ pour motif économique afin de créer une entreprise, peuvent désormais bénéficier d'un soutien financier et d'un accompagnement de leur ancien employeur tout en étant éligibles à l'ACCRE.

Réduire ses impôts en investissant...

... dans une entreprise nouvelle

Créer avec un capital important est un des facteurs clés de succès d'une entreprise. Pour se lancer dans la création, nanti d'une bonne dote, il existe des réductions d'impôts destinées à ceux qui désirent souscrire au capital d'une société non cotée. Elles se montent à 25 % des sommes investies à hauteur de 20 000 euros pour une personne seule, 40 000 pour un couple. Cette incitation concerne les sociétés (SARL, SA, SNC, SCI…) soumises à l'impôt sur les sociétés (IS), non cotées et détenues à plus de 50 % par des personnes physiques ou des sociétés contrôlées par des parents. Les actions doivent impérativement être détenues pendant une durée de 5 ans.

La réduction d'impôts : pour les montants indiqués ci-dessus, 5 000 ou 10 000 euros sont déduits directement de l'impôt à payer. La subtilité de cette mesure réside dans son étalement sur quatre ans si le montant de 20 000 ou 40 000 euros est dépassé. Cet avantage fiscal n'est en aucun cas cumulable avec d'autres du même ordre.

La déduction des intérêts d'emprunts pour la souscription au capital d'une société nouvelle

Si vous contractez un emprunt pour souscrire au capital d'une société dont vous recevez une rémunération, vous pouvez en déduire les intérêts de vos impôts dans les limites de 50 % du montant brut que vous verse la société, sans aucune contrainte de durée. Les actions acquises par ce biais doivent être détenues pendant 5 ans, sinon les intérêts seront réintégrés à vos revenus. Les règles concernant l'entreprise admise sont celles indiquées ci-dessus, à quelques détails près (toutes les entreprises sont concernées, et non pas les seules sociétés). ■

À noter
Pour bénéficier des avantages fiscaux liés à ces deux mesures, vous devrez produire aux services fiscaux les documents détaillés mentionnant les détails financiers des opérations, ainsi que la preuve du respect des conditions indiquées ci-contre.

Chapitre 4

Financer son projet

L'épargne personnelle, le prêt d'honneur

L'apport personnel, un argument déterminant

Repères
Le crédit solidaire est proche du prêt d'honneur et mise sur la responsabilisation de l'entrepreneur en impliquant son réseau de connaissances.

Avant tout, compter sur soi : voici la règle d'or de tout entrepreneur. En matière d'argent, c'est encore plus vrai. L'apport personnel est indispensable pour demander un crédit et pour entamer vos premiers actes nécessaires à l'éclosion de l'entreprise (frais d'établissement, caution pour un loyer que les banques ne souhaitent jamais financer par un prêt...).

L'apport personnel peut se constituer avant la création en souscrivant, par exemple, un livret épargne-entreprise (LEE) exonéré d'impôt sur les intérêts. Vous versez pendant 2 à 5 ans jusqu'à 45 800 euros sur ce livret et pourrez prétendre ensuite à un prêt pour créer l'entreprise. Le taux de ce prêt sera avantageux, puisque les intérêts ne pourront dépasser une fois et demi le montant de ceux acquis depuis la souscription du LEE (environ 4,50 %, hors assurance invalidité-décès).

Depuis peu, si vous retirez les sommes acquises avant les deux premières années pour créer une entreprise dans les six mois qui suivent, le bénéfice de l'exonération est conservé. Il en va de même désormais pour votre plan d'épargne en actions (PEA), sans que cela vous pénalise au titre de l'impôt sur le revenu, comme pour le livret et le compte épargne logement si vous financez un local à usage commercial à l'intérieur de votre résidence principale. ■

Le prêt d'honneur

Il est consenti sans intérêt ni garantie personnelle. Il est souvent délivré par des organismes qui œuvrent au développement de la création d'entreprise (ADIE, FIR, France ACTIVE, Réseau Entreprendre). L'octroi est souvent conditionné par la personnalité de celui ou de celle qui entreprend.

Le prêt à la création d'entreprise (PCE)

Améliorer la trésorerie initiale de l'entreprise

Selon une étude, les deux tiers des entreprises ont été créées avec moins de 5 400 euros. Aussi le prêt à la création d'entreprise (PCE) a-t-il pour objectif d'améliorer la trésorerie initiale de l'entreprise. D'un montant situé entre 2 000 et 7 000 euros, il complète automatiquement le prêt octroyé par votre banque, mais ne requiert aucune garantie ni caution personnelle.

Distribué par les banques, le PCE concerne les entreprises de moins de 3 ans n'ayant pas encore eu recours au crédit bancaire. La durée du prêt est fixée à 5 ans, et les premiers remboursements mensuels démarrent six mois après le versement des fonds. Le taux est généralement identique à celui de votre prêt bancaire.

Le PCE est cumulable avec le dispositif de soutien aux personnes en difficultés sociales EDEN. Par ailleurs, l'entrepreneur ne doit pas contrôler une autre société, ni faire l'objet d'une mesure d'interdiction bancaire, ou être inscrit au Fichier des incidents de remboursement des crédits aux particuliers (FICP). En complément du financement de votre banquier, le prêt à la création d'entreprise a été mis en place pour subvenir à tous les imprévus qui interviennent nécessairement lorsqu'on lance une entreprise. ■

Repères
Pour en savoir plus, consultez le site www.oseo.fr.

Statistiques

C'est près de 280 millions d'euros de financement qui ont été mobilisés au profit de plus de 15 000 créateurs avec la mise en place du Prêts à la création d'entreprise (PCE) d'OSEO.

Le capital investissement

Louis Godron, Président de l'AFIC et Directeur général d'Argos Soditic France

Vous avez un projet que vous souhaitez financer et vous recherchez un partenaire pour le mener à bien. L'AFIC (Association Française des Investisseurs pour la Croissance) créée en 1984 regroupe des financeurs de projets et les conseils associés (avocats, cabinets d'audit, ...).

Qu'est-ce que l'AFIC ?

L'AFIC est l'Association Française des Investisseurs pour la Croissance. Elle fédère des professionnels qui apportent capitaux propres et savoir-faire aux entreprises qu'ils accompagnent. L'AFIC regroupe 270 sociétés qui exercent cette activité réglementée en France, soit un peu plus de 3 000 professionnels, auxquels s'ajoutent 180 membres associés représentants des professions auxiliaires. Au-delà de sa mission de déontologie, de contrôle et de développement de bonnes pratiques, l'AFIC assure la promotion du capital investissement auprès des investisseurs institutionnels, des entrepreneurs, des leaders d'opinion et des pouvoirs publics.

Quelle est l'importance économique du capital investissement en France ?

Aux côtés des emprunts bancaires et des financements privés, le capital investissement est une ressource financière essentielle à la croissance d'entreprises généralement non cotées. Il apporte 7 % des financements aux PME, 92 % provenant des crédits bancaires et 1 % de la Bourse. En France, le capital investissement gère près de 80 milliards d'euros investis dans plus de 5 000 sociétés, à plus de 80 % des PME, et qui totalisent 9,2 % de l'emploi salarié privé.

En 2011, le capital investissement a injecté 9,7 milliards d'euros dans un nombre record de 1 700 entreprises, quand en parallèle 22 introductions en Bourse de PME et ETI ont levé 147 millions d'euros.

Comment fonctionne le capital investissement ?

Le capital investissement établit le lien entre d'une part les grands pôles de collecte d'épargne publique, que sont les fonds de retraite, les banques, les compagnies d'assurance, les organismes d'État et les personnes privées, et d'autre part des entreprises qui ont besoin de capitaux.

Les professionnels du capital investissement vont, dans la majorité des cas, investir au travers d'un fonds, outil d'investissement dont la durée est typiquement limitée à 10 ans. Ils vont injecter des capitaux dans l'entreprise, parfois en plusieurs étapes. Dans le même temps, ils vont consacrer une part importante de leur temps à aider les entreprises à affirmer leur positionnement stratégique, à adapter leur organisation, à développer leur internationalisation, à accélérer et structurer leur R&D, à élargir leur offre. Cet accompagnement est un facteur clé de succès pour les entrepreneurs accompagnés, qui bénéficient ainsi de dizaines d'années d'expérience de ces professionnels dans l'accélération de la croissance des entreprises.

Pourquoi un chef d'entreprise fait-il appel à vous ?

Il s'agit d'une démarche volontaire de la part d'entreprises pour financer et accompagner leurs projets dans la durée, et pour leur permettre de passer du stade de TPE à celui de PME, et du stade de PME à celui de leader sur leurs segments de marché. Car au-delà de l'injection de capitaux, l'intervention de l'investisseur en capital aux côtés d'une direction engendre une réelle dynamique par l'apport de compétences complémentaires. Les chiffres le prouvent, les entreprises ayant recours au capital investissement affichent des performances économiques bien supérieures à la moyenne des autres entreprises françaises, y compris en période de crise, y compris en éliminant les effets de sélection.

Quelles sont les étapes à suivre pour bénéficier de votre soutien ?

Les entrepreneurs qui ont un projet trouvent sur notre site www.afic.asso.fr une base de données rassemblant 95 % des professionnels du métier, avec la présentation de leurs spécificités en termes de métiers (capital risque, développement ou transmission) et parfois leur spécialisation sectorielle.

Mon conseil à ce stade est d'avoir un message précis sur le projet à financer et les raisons de son succès attendu. Les premiers contacts peuvent être initiés, même si tous les éléments de support destinés à étayer le projet ne sont pas disponibles, les investisseurs sont aussi là pour aider à mûrir le projet. Mais il faut pouvoir présenter synthétiquement les lignes de force du projet ; une équipe de capital investissement reçoit des centaines de projets par an, il faut sortir du lot.

Il faut aussi être prêt à investir financièrement ; plus que la valeur absolue, c'est un niveau de partage de risque qu'évalue l'investisseur : on n'attend pas le même montant d'un jeune diplômé et d'un cadre supérieur ayant exercé des stock options…

Ensuite débute une phase d'analyse du dossier sous ses différents aspects : marché, technologies , organisation, etc. Cette phase est aussi essentielle pour valider – ou non – l'envie de faire équipe entre entrepreneurs et investisseurs. C'est une association de longue durée qui se constitue, qui va nécessairement devoir passer par des moments difficiles : la qualité de la relation humaine est dans le fond plus importante que beaucoup d'autres facteurs.

À quel niveau de maturité et pour quels montants intervenez-vous ?

Nous intervenons en capital-risque auprès de jeunes entreprises innovantes, naissantes ou ayant juste démarré, nécessitant des investissements entre quelques centaines de milliers d'euros et 5 millions d'euros. En capital-développement, nous finançons des projets de croissance de PME déjà établies mais en manque de fonds propres, pour des montants généralement inférieurs à 15 millions d'euros. Nous sommes aussi sollicités en capital-transmission par des équipes de direction ou des managers externes pour donner un destin autonome à une entreprise plutôt que la voir absorbée par un concurrent, pour des montants qui dépassent rarement 50 millions d'euros.

Lorsque le créateur veut juste lancer une micro-entreprise, où peut-il trouver de l'argent ?

En amont, il existe plusieurs voies pour collecter des fonds, notamment auprès des ses proches ou auprès de personnes privées qui investissent leur fortune personnelle et leur temps. Pour autant, le financement de micro-entreprises est un véritable enjeu en France.

Pouvez-vous citer quelques exemples d'entreprises dans lesquelles l'AFIC a investi ?

Depuis près de 30 ans, les professionnels de l'AFIC ont accompagné plus de 10 000 entreprises. Donner un exemple est par nature restrictif mais pour illustrer notre rôle, citons Soitec, essaimage du CEA financé par deux adhérents de l'AFIC, devenu leader mondial sur le créneau des composants sur isolants pour différents secteurs, dont les énergies renouvelables, indépendant, coté sur Euronext.

Contact : www.afic.asso.fr

Le capital investissement, un ange des affaires...

... ou simplement une banque

Si vous faites appel à ces investisseurs votre projet est déjà important. Le capital risque est une prise de participation dans le capital de l'entreprise pour le compte d'un investisseur public ou privé ou d'un particulier. En contrepartie, l'investisseur attend une rentabilité importante et s'engage sur une durée de plus en plus souvent connue d'avance. Les « capital investissement », car ils sont protéiformes, correspondent également à une étape de la vie de l'entreprise.

On parle de capital d'amorçage au tout début, puis de capital développement quand l'entreprise se développe ou crée un nouveau produit coûteux. Avec la perspective du papy boom, on parle de capital transmission lorsque l'entreprise est reprise à son fondateur. Enfin, chaque interlocuteur pratique sa propre politique d'investissement. Elle est fonction du type de participation dans l'entreprise (majoritaire, minoritaire ou syndiqué, c'est-à-dire à plusieurs), du secteur d'activité (spécialiste ou généraliste), du montant à investir et de la taille de l'entreprise.

Repères
Onze réseaux de *business angels* ont été labellisés par le ministère des PME. Pour en savoir plus : www.pme.gouv.fr.

LES *BUSINESS ANGELS*

Originaires des USA, ils impliquaient, aux sources de ce monde de la finance, des investisseurs providentiels fortunés qui apportaient des fonds à un projet auquel ils étaient attachés, projet qui avait été refusé par les banques. Son argent mis à part, l'ange des affaires vous apportera sa connaissance de la gestion, de l'entrepreneuriat, son réseau, son goût pour la réussite d'un projet. Bref, c'est un « accro » à l'esprit d'entreprise. S'il cherche le gain, il n'efface pas tout le reste à la différence du capital investissement. Selon l'ouvrage *Tout savoir sur le capital-risque* de Gilles Mougenot, ils sont 125 000 en Europe, le double aux États-Unis. En moyenne, ils ont 47 ans et

Repères
Pour en savoir plus sur le capital investissement :
www.afic.asso.fr
www.unicer.asso.fr
Sur les *business angels* :
www.franceangels.org

investissent entre 25 000 et 250 000 euros. La plupart découvrent l'entreprise par l'intermédiaire de leur réseau d'informateurs.

Comment les séduire ?

Charisme du créateur, complémentarité et complétude des équipes, synthèse du projet sont des qualités qu'ils apprécient. Ces professionnels des affaires, pour être rentables, doivent digérer de nombreux dossiers avant d'espérer dénicher le prochain Google ou Facebook. Alors, ils vous demanderont presque tous de leur communiquer votre Business plan, c'est-à-dire un résumé des grands points qui caractérisent votre entreprise.

Choisir sa banque

Chaque banque a ses spécificités : commerce, artisanat, services... La région où elle est installée est aussi un paramètre important à étudier. Pour la choisir, il faut tenir compte de sa connaissance de votre métier, de l'expérience qu'elle a pu acquérir avec ses autres clients et de sa capacité à soutenir vos projets sur le moyen comme sur le long terme. Au sein de la banque, l'interlocuteur doit être, sinon le directeur de l'agence, au moins un fondé de pouvoirs à même de prendre des décisions et des engagements immédiats. ■

LBO et MBO

La mode du capital investissement est aux LBO et aux MBO. Le LBO *(Leverage Buy Out)* consiste au rachat d'une entreprise par des organismes spécialisés qui financent ces reprises par de l'endettement pour bénéficier d'un effet de levier financier. Lorsque cette reprise est réalisée par l'équipe dirigeante de l'entreprise cible, on parle de MBO *(Management Buy Out)* ou reprise de l'entreprise par les salariés (RES).

La réussite d'une entreprise en région

Xavier Delaunay, directeur de Carrefour Entreprise Sarthe

Les départements français appuient les créateurs d'entreprises par des dispositifs de proximité.
Au cœur du grand ouest, la Sarthe est l'un des cinq départements qui constituent la région Pays-de-la-Loire. En collaboration avec le conseil général, Carrefour Entreprise Sarthe, avec son équipe de 8 permanents, est une association atypique dans le paysage français. Créée en 1992 par des chefs d'entreprises, elle est encore animée aujourd'hui par un réseau très actif de 500 membres. Un exemple avant l'heure de mécénat et bénévolat économique pour accompagner les créateurs et repreneurs à chaque étape de leurs parcours.
La ville des « 24 heures », et plus largement tout le département, boostent les porteurs de projet de création et reprise, notamment avec Cap Création Sarthe, un dispositif d'aide financière et d'accompagnement mis à la disposition de tous ceux qui veulent s'installer dans la Sarthe.

Quelles sont les missions de Carrefour Entreprise Sarthe ?

Accueil et accompagnement sont les maîtres mots. Carrefour Entreprise Sarthe est né d'un constat : 50 % des entreprises disparaissent dans les cinq premières années de leur existence par manque de préparation du projet et du porteur de projet, pour des problèmes de trésorerie ou parce que les créateurs ne sont pas assez entourés. Plus un entrepreneur est accompagné en amont et surtout en aval de sa démarche et plus il a de chances de réussir. Un chargé de mission, ayant lui-même une expérience vécue de création ou reprise d'entreprise, valide avec le créateur toutes les étapes de son projet et le met en relation avec d'autres chefs d'entreprises qui partageront leur expérience puis des experts et partenaires de l'association pour l'éclairer et le soutenir. Il l'aide à construire son plan d'affaires qui, défendu devant un Comité permet d'obtenir la Labellisation Carrefour Entreprise Sarthe, précieux Sésame pour bénéficier d'un prêt d'honneur (jusqu'à 50 k€ !) faisant lui-même effet de levier (jusqu'à 7 fois le montant du Prêt d'honneur !) auprès des banques.

Le prêt d'honneur, sans garantie, est remboursable sur une période de 3 à 5 ans. Carrefour Entreprise Sarthe organise pendant cette durée des parrainages d'entrepreneurs. Le parrain est un chef d'entreprise expérimenté (150 parrains en activité) qui chemine avec le créateur durant les premières années de l'entreprise. Véritable compagnon de route de l'entrepreneur, il lui permet de prendre du recul, d'éviter certains écueils, d'élargir son réseau de contacts. « L'esprit Carrefour » a poussé depuis 20 ans les 1000 entrepreneurs accompagnés à faire bénéficier aux nouveaux un peu de ce qu'ils ont eux même reçu lors de leur démarrage.

Pouvez-vous nous décrire le fonctionnement de Cap Création Sarthe ?

Cap Création Sarthe est un dispositif unique en France. Il répond aux besoins spécifiques des créateurs d'entreprise qui souhaitent s'installer dans le département. Le financement du congé création est un des outils de ce programme, il apporte une solution aux salariés qui hésitent à franchir le pas de la création ou de la reprise. Pendant les six premiers mois, le porteur de projet peut toucher jusqu'à 70 % de son salaire, et 50 % les six mois suivants, et ainsi se consacrer entièrement et sereinement à son projet.

Y a-t-il des critères pour obtenir cette aide ?

Oui, le projet de création ne doit pas être en concurrence avec le travail effectué par le salarié chez son employeur précédent. Seconde condition : le créateur doit s'installer en Sarthe au moins pendant cinq ans. Pour la reprise, il s'agit d'assurer la pérennité de savoir-faire industriels ou artisanaux.

Autre axe de Cap Création Sarthe, le concours ?

Oui, depuis dix ans un concours apporte, via l'appui financier du Conseil général (jusqu'à 15 K€), des moyens supplémentaires aux dispositifs de Carrefour Entreprise Sarthe. Ceux-ci sont destinés aux entreprises innovantes, au projet créateur d'emploi, au repreneur d'activité et, action nouvelle du Conseil général, aux porteurs de projet issus du RSA.

Quelle place spécifique à l'accompagnement de l'innovation ?

Carrefour Entreprise Sarthe vient d'être à nouveau accrédité comme Centre Européen d'accompagnement à l'innovation au sein de EBN (European Business Network), l'association est également membre du réseau Français Retis qui regroupe technopoles et incubateurs français et membre de Initiative France, er réseau Français d'accompagnement et de financement de l'Entrepreneuriat.

Contact : www.cap-creation-sarthe.com

Votre région, votre commune...

... mettent les premiers euros

Parmi les collectivités locales, votre région est celle qui dispose des missions en matière de développement économique. Si toutes les collectivités locales offrent des aides à la création d'entreprise, elles sont toutefois tenues d'honorer des règles d'attribution. Elles doivent respecter la liberté de commerce et d'industrie, la concurrence, les règles du droit communautaire et ne pas user d'armes financières favorisant une entreprise plutôt qu'une autre.

Les collectivités locales attribuent des aides sous forme de subventions, de bonification d'intérêts, de prêts ou d'avances remboursables, à taux nul ou à des conditions favorables. En outre, elles octroient également aux entreprises qui s'implantent dans certaines zones des exonérations de taxe professionnelle et d'impôt foncier.

Pour trouver les aides des régions, rendez-vous tout d'abord sur le site de votre conseil régional. L'adresse de celui-ci commence toujours par « cr » suivi d'un tiret puis du nom de la région et de l'extension « .fr ». Vous vous rendrez ensuite dans la section économie, puis dans celle consacrée aux aides aux entreprises. ■

Visitez le Sémaphore

Telle une vigie dans la nuit, ce moteur de recherche recense 5 000 dispositifs d'aides. À partir des critères décrivant votre entreprise, plus ou moins précis selon votre avancement dans le projet, l'outil vous indique quatre niveaux d'aides disponibles. Les aides locales, les aides régionales, les aides nationales applicables dans votre région et les aides strictement nationales. D'un simple clic, vous pénétrez dans une fiche clarifiant ainsi l'objet de l'aide, les bénéficiaires et le contact pour en parler.
Sémaphore est accessible à partir de www.cci.fr.

Repères

L'Association des régions de France (ARF) est le représentant politique des régions de France. Elle milite pour la puissance de ce niveau administratif. Le soutien économique des entreprises est de son ressort.
Pour retrouver la France des régions :
www.arf.asso.fr
www.adf.asso.fr/

La famille, ça existe...

Des avantages fiscaux pour une aide

Repères
Pour en savoir plus, vous pouvez consulter le site : www.love-money.org

Les proches et la famille financent plus de 25 % des sommes investies par les 225 000 nouvelles entreprises créées en 2011. Cette relation particulière est désignée comme l'épargne de proximité ou love money.

Fiscalement intéressants, les dons aux créateurs d'entreprises au sein d'une même famille s'avèrent souvent avantageux pour les généreux contributeurs.... et pour les bénéficiaires !

Les donations de sommes d'argent peuvent bénéficier d'une exonération de droits de mutation si elles remplissent certaines conditions. Les donations concernées sont celles de sommes d'argent, sans condition d'affectation, mais effectuées par une personne âgée de moins de 80 ans

Un donateur ne peut effectuer qu'un unique don de 31 865 euros au plus à un même créateur d'entreprise par période de 10 ans. En revanche, un créateur peut recevoir plusieurs dons s'ils sont effectués par différents donateurs.

Le donateur bénéficie d'un abattement fiscal personnel en faveur de donations consenties à ses proches, dont le montant varie en fonction du lien de parenté plus ou moins direct. ■

Prix, dons et bourses de fondations

Une autre piste pour financer les créations

Outre les concours à la création d'entreprise et les différentes aides qui existent, vous pouvez également solliciter l'aide de fondations pour concrétiser votre projet.

La fondation de la Deuxième Chance

Elle peut venir en aide aux personnes âgées de 18 à 60 ans en situation de grande précarité et qui souhaitent rebondir. Elle leur propose un soutien humain (parrainage d'une durée de 6 à 24 mois) et financier (dotation plafonnée à 10 000 euros sur 2 ans, en fonction du projet. Les candidats doivent être associés majoritaires et avoir déjà effectué d'autres démarches pour réaliser leur projet, notamment au niveau de la recherche de financement (www.deuxiemechance.org).

La fondation Agir contre l'exclusion (FACE)

Réseau national de clubs d'entreprises locales ayant vocation à aider les personnes en difficulté à s'intégrer, notamment par la création d'activité. Il intervient sous forme de parrainages (www.fondationface.org).

La fondation Agir sa vie

Elle soutient les personnes en situation d'exclusion en leur apportant un appui financier sous forme de subvention (de 1 000 à 8 000 euros en fonction du projet) afin de devenir acteur de leur propre vie, notamment professionnelle, par la réalisation d'un projet collectif.

Particularité de la fondation : les projets qu'elle soutient ne doivent pas nécessairement être menés en France (www.agirsavie.free.fr).

Repères

La fondation résulte certes de la volonté des créateurs, mais également de leur engagement financier, qu'il s'agisse de particuliers ou d'entreprises. Si une association prend fin par la volonté de ses membres, il n'en est rien des fondations. Ce qui leur est confié est définitivement acquis par les fondations et ne peut être récupéré.

Repères
Contrairement aux associations, les fondations n'ont pas d'adhérent, donc aucune cotisation ne leur est versée.
En revanche, elles peuvent percevoir des dons.
Contrairement aux associations, la création d'une fondation n'est pas gratuite, c'est un acte coûteux. Elle n'est pas libre non plus. Pour s'appeler « fondation », il faut obtenir l'autorisation du Conseil d'État, autorisation qui donne lieu à une publication au *Journal officiel*. Si la fondation est reconnue d'utilité publique, les dons donnent droit à un avantage fiscal.

La fondation MACIF

Elle soutient les projets qui relèvent de l'économie sociale par des dotations financières et un accompagnement local. Elle intervient au moment du montage du projet (www.fondation-macif.com).

La fondation VINCI pour la Cité

Elle apporte son aide financière (sous forme de subvention d'un montant moyen de 15 000 euros) aux projets susceptibles d'améliorer la vie de la cité ou l'insertion professionnelle de personnes en difficulté en milieu urbain. Chaque projet soutenu bénéficie de l'accompagnement humain et technique d'un salarié bénévole et volontaire de VINCI (www.fondation-vinci.com).

Il existe des fondations dispensant des aides locales, en fonction du secteur d'activité envisagé. C'est le cas de la fondation Jean Guyomarc'h, qui aide financièrement les porteurs de projets innovants en Bretagne. Montant maximum de 1 500 euros (tél. : 02 97 48 40 60, se renseigner localement).

Certaines fondations organisent leurs concours d'aide à la création ou reprise d'entreprises afin de soutenir financièrement les porteurs de projet :

- la fondation Altran pour les projets innovants ;
- la fondation BMW destinée aux étudiants de grandes écoles, sélectionnés et âgés de moins de 27 ans, ayant entrepris la réalisation d'un projet de création axé sur le développement durable (www.fondation-bmwgroup.fr) ;
- la fondation Auchan pour la jeunesse, axée sur les projets en faveur de la jeunesse (www.fondation-auchan.fr) ;
- la fondation de l'X pour les jeunes polytechniciens (www.fondationX.org) ;
- la fondation Aventis, qui organise les « Tremplins » ; (www.aventis-foundation.org)

Une liste de toutes les fondations est disponible sur www.fondations.org/ ■

Chapitre 5

Démarrer son entreprise Les étapes incontournables

Créer d'abord une petite entreprise

Des chiffres éloquents

Repères
Les chiffres sont éloquents : 97 % des entreprises françaises sont des PME ! De quoi vous encourager à vous lancer dans la création d'entreprise.

Non, sans rire, c'est vrai ? Et oui, contrairement à ce que vous pourriez croire si vous regardez la télévision, les petites boîtes représentent 97 % du parc des entreprises françaises. Sur une population de 3,4 millions, il n'existe, en France, que 30 000 entreprises de plus de 50 salariés.

En moyenne, lors d'une création, les entreprises disposent d'un peu moins de 4 500 euros de financement et s'orientent principalement vers les secteurs du service aux entreprises et aux particuliers, ou du commerce de proximité. 30 % des créateurs sont des créatrices et 40 % des entrepreneurs créent sous la forme de société à responsabilité limitée (SARL) contre 60 % qui optent pour le statut d'entreprise individuelle. Si vous sentez monter une frustration parce que vous ne semblez pas être en mesure de créer la prochaine entreprise dont Steve Jobs (Apple) aurait pu rêver, chassez ce sentiment négatif à la lecture de ces lignes.

En terme de création d'emplois, il en est de même, car les nouvelles entreprises génèrent en moyenne 1,8 emploi, celui du créateur inclus.

Enfin, s'il était besoin de le préciser, créer une entreprise remplit toujours une fonction d'ascenseur social puisque le diplôme ne rivalisera jamais avec la volonté. 26 % des créateurs ont atteint le niveau BEPC, 26 % possèdent un CAP et un BEP et le reste, 48 %, ont le niveau bac ou plus. ■

L'étape des formalités d'enregistrement

Le Centre de formalités des entreprises

Depuis 1981 existe le guichet unique de la création d'entreprise. Il s'intitule le Centre de formalités des entreprises (CFE). Il est chargé de centraliser les informations sur votre entreprise et de les transmettre aux administrations concernées, vous évitant ainsi une dizaine de déplacements. Il réunit, mais aussi contrôle, toutes les pièces transmises et vous remet, si votre dossier est complet, un livret ayant une valeur juridique.

Repères
Bientôt, créer son entreprise en ligne sera possible.
Les démarches sont déjà considérablement réduites.
Pour en savoir plus : www.cfenet.cci.fr.

Que fait le CFE ?

Il prend en charge et redistribue l'information à l'occasion de la création, de la transformation ou de la cessation de l'entreprise. Par ce canal, l'entreprise sera inscrite à l'INSEE, chargée d'attribuer les numéros d'immatriculation de votre entreprise (SIREN, SIRET, code APE), auprès des services fiscaux et sociaux comme les impôts, l'Urssaf, les caisses d'assurance maladie et de retraite, mais également au Greffe du tribunal de commerce si votre activité est commerciale ou au Registre des métiers pour les artisans. Si l'entreprise emploie des salariés dès l'origine, le CFE l'indique aux caisses sociales les concernant et à l'inspection du travail.

Attention : à chaque activité (artisan, commerçant, agriculteur…) ou statut d'entreprise (entreprise, société…) correspond un CFE.

Ce que le CFE ne fait pas

La création d'une société impose des formalités particulières ne relevant pas du CFE, dont certaines seront toutefois transmises en copie à celui-ci, comme les statuts de l'entreprise (également enregistrés gratuite-

Repères
Pour connaître le CFE dont vous dépendez : http://annuaire-cfe.insee.fr/

ment au centre des impôts). Par ailleurs, si vous sollicitez l'ACCRE ou EDEN, ces aides sont à demander auprès de votre direction départementale du Travail.

Les actes relatifs à l'activité de l'entreprise (carte professionnelle), à son assurance ou à son existence dans la cité, comme sa déclaration à la Poste, n'impliquent pas le CFE. La déclaration de la naissance à l'entourage non plus : lorsque vous créez une société, vous devez publier une information dans un journal d'annonces légales (presse quotidienne régionale ou magazines professionnels spécialisés). Ceci n'est pas gratuit et vous sera facturé au nombre de lignes ou de mots. L'annonce indique le statut de la société, son capital, l'adresse du siège social et l'activité, ainsi que le nom des dirigeants.

Attention : le service du CFE, qui ne se confond pas avec le coût de l'inscription, peut être gratuit si vous remplissez vous-même les formulaires. Ces derniers peuvent être extrêmement détaillés. De ce fait, vous commettrez de nombreuses omissions et perdrez un temps précieux (croyez-nous !). Le CFE peut prendre en charge ce dossier et il facture ce service (aux alentours de 75 euros).

Dans certains départements (33, 60, 75, 92, 93, et 94), le dossier d'inscription de l'entreprise peut se construire en ligne avant d'être adressé au CFE compétent (www.cci.fr). ■

À quel centre de formalités s'adresser ?

Cela dépend de votre statut. Les artisans ou commerçants-artisans s'adresseront à la Chambre de métiers du département de création. Coût de l'inscription : entre 90 et 170 euros, plus 150 à 200 euros pour le stage de gestion.

Pour les commerçants et tous ceux qui exercent une activité commerciale ou industrielle, le CFE compétent est celui de la Chambre de commerce et d'industrie du département de création. Coût de l'inscription : environ 100 euros.

Les membres d'une profession libérale doivent s'adresser au CFE de l'Urssaf du département de création. Il n'y a pas de frais d'inscription.

Les sociétés civiles (SCI, SCM, SCP...) et les agents commerciaux doivent s'adresser au Greffe du tribunal de commerce du département de création. Coût de l'inscription : environ 23 euros.

Le rôle des Chambres de commerce et de métiers

Accompagner les créateurs et les artisans

Les chambres consulaires sont des organismes publics de proximité au service des entreprises, donc des futurs entrepreneurs. Ce sont les chambres de commerce et d'industrie (CCI), les chambres des métiers et de l'artisanat (CM) et les chambres d'agriculture. Elles accueillent les CFE, lieux d'immatriculation des entreprises au Registre du commerce ou des métiers.

Les CCI

Vous y trouverez des professionnels de la création d'entreprise rattachés au réseau que les CCI ont créé en 1995 pour gérer ces missions : CCI-Entreprendre en France. Vous recevrez un accompagnement personnalisé dans les différentes étapes de la création de l'entreprise. Leurs espaces Entreprendre proposent des formations pour renforcer les compétences du créateur (« 5 jours pour Entreprendre »). Si votre entreprise est atypique (entreprise innovante) ou votre parcours différent (demandeur d'emploi de longue durée), les CCI vous orientent vers des réseaux plus compétents pour vous accompagner dans le détail.

Les chambres de métiers

Être inscrit au répertoire des métiers et devenir artisan répond au respect de plusieurs règles préalables. Les artisans doivent assister à une formation de gestion préalable à la création. Ensuite, n'est pas artisan qui veut : l'activité répond à une définition précise (transformation, préparation, réparation...). Au moment de la création, l'entreprise ne peut employer plus de dix salariés. Et depuis la loi Raffarin de 1996, les activités mettant en jeu la santé et la sécurité du consommateur sont l'apanage unique d'un professionnel qualifié (CAP ou équivalent). ■

Repères

La première CCI, celle de Marseille, vit le jour il y a plus de 400 ans. Aujourd'hui, 175 chambres, de tailles très différentes, forment un maillage sur tout le territoire. Ce réseau des CCI est dénommé depuis 2012 « CCI de France ». Accompagner le créateur est l'une de leurs missions prioritaires. Instituées en 1925, les 106 CM de France représentent plus de 860 000 artisans. Depuis 1997, l'artisanat dispose d'un fonds de promotion pour valoriser son image auprès du grand public. Ce fonds est doté de 10 millions d'euros, financés par une taxe payée par chaque artisan. L'artisanat, c'est 1 069 000 entreprises au 1er janvier 2011 et un chiffre d'affaires de 300 milliards d'euros.

Pour en savoir plus

www.entreprendre-en-france.fr et www.apcm.com.

Un réseau public au service des artisans

Alain Griset, président de l'APCM

L'Assemblée permanente des chambres de métiers et de l'artisanat (APCMA) est l'établissement public national fédérateur des chambres de métiers et de l'artisanat (CMA) et dont la tutelle est exercée par le ministère chargé de l'artisanat. L'APCMA est le partenaire des organisations professionnelles de l'artisanat et l'interlocuteur des pouvoirs publics nationaux et européens. Sa première mission est d'agir pour que la place de l'artisanat soit reconnue à part entière dans l'économie, au niveau national et européen et que les intérêts des entreprises artisanales, plus d'un million à ce jour, soient pris en compte dans les programmes de développement, les lois et réglementations et bénéficient d'évolutions favorables à leur développement.

Quel est le rôle des chambres de métiers et de l'artisanat ?

Elles sont chargées de représenter les artisans auprès des pouvoirs publics, c'est-à-dire les instances territoriales compétentes en matière d'aménagement du territoire, des parlementaires et membres du gouvernement pour améliorer leur statut et leur régime fiscal et social. Les CMA ont également la mission plus directe d'accueil des artisans ou futurs entrepreneurs et de les accompagner dans leur création et dans leur développement. Elles sont la porte d'entrée qui facilite l'ensemble des démarches administratives. Nous aidons les créateurs et repreneurs en faisant en leur nom toutes les démarches sociales et fiscales. Les CMA gèrent également le contrat d'apprentissage dans le même esprit de simplification et de facilitation.

En plus de ces missions « de base », les chambres de métiers sont reconnues dans le domaine de la formation des jeunes par l'apprentissage et de la formation continue auprès des chefs d'entreprises (modules de gestion, informatique, etc.). Ainsi, de nombreuses CMA gèrent des centres de formation des apprentis qui proposent de nombreuses filières en concertation avec les organisations professionnelles et des cursus adaptés au niveau de ceux qui rejoignent l'artisanat à la suite d'un autre parcours professionnel.

La chambre de métiers et de l'artisanat proche du domicile de l'entrepreneur va l'accompagner avant et après la création.

Oui, et je souligne l'importance en gain de temps et en réussite pour le créateur ! Un bon projet est un projet qui se prépare bien. Nous accompagnons le créateur en amont, en lui donnant les outils qui permettent de faire le travail préalable d'observation du marché, de bien choisir les conditions de la création pour limiter les mauvaises surprises. Ce premier diagnostic permet de vérifier que le projet correspond bien aux attentes du créateur, de le guider éventuellement vers une formation. Ensuite, les phases de développement de l'activité sont suivies et les CMA sont amenées à le conseiller pour l'embauche d'un salarié, pour trouver de nouveaux marchés, pour l'exportation, etc. Les statistiques prouvent que les chefs d'entreprise qui sont ainsi accompagnés ont plus de chance de réussir. La qualité d'accompagnement des chambres de métiers est certainement, pour partie, à l'origine de l'excellent taux de pérennité des entreprises créées dans l'artisanat.

Restait à améliorer l'environnement des créateurs d'entreprise, ce qui est fait avec le nouveau statut de l'entreprise individuelle à responsabilité limitée, l'EIRL. Les CMA ont beaucoup œuvré en ce sens, partant du constat qu'on se contentait en France de donner aux personnes la recommandation suivante : « Créez votre entreprise ». Ce qui revenait à dire, le plus souvent : « Acceptez de passer d'un contrat de salarié à une incertitude totale ».

Dans la droite ligne des simplifications des démarches de création d'une activité indépendante, l'EIRL instaure une égalité de traitement en matière de développement et d'investissement avec les entrepreneurs en société.

Ce statut répond à deux attentes majeures du secteur de l'artisanat en limitant le gage des créanciers professionnels au seul patrimoine affecté à l'activité professionnelle et en ouvrant la possibilité pour l'entrepreneur d'opter pour le régime de l'impôt sur les sociétés sans être contraint de recourir à la forme sociétale contribuant ainsi au renforcement des fonds propres de l'entreprise.

L'un de vos fers de lance semble également être la jeunesse ?

Effectivement, c'est pour mieux répondre à l'arrivée dans l'artisanat de nouveaux profils (dans certains secteurs 30 à 40 % des nouvelles immatriculations) que nous créons dans chaque région une Université régionale des métiers et de l'artisanat (URMA). L'idée est de bien faire comprendre à l'ensemble des jeunes que la formation en apprentissage n'est pas obligatoirement synonyme de CAP et s'adresse aussi à des étudiants dans les niveaux supérieurs. Puisque, en France, les mots ont une grande importance, nous préconisons l'abandon du terme d'« apprenti » pour celui d'« étudiant des métiers », plus valorisant aux yeux des jeunes. « Être étudiant dans une faculté des métiers » sonne mieux qu'être « apprenti dans un centre de formation ». Nous voulons faire comprendre à un jeune diplômé de type bac ou bac + 2 que, tout en ayant un diplôme d'enseignement général qui lui a permis d'avoir une culture générale satisfaisante, il peut apprendre un métier. Pour cela, il faut bien entendu des centres de formation qui adaptent leur cursus en fonction des jeunes et de leur niveau d'entrée. L'une des grandes difficultés en France, ce sont ces deux routes parallèles que sont le monde de l'entreprise et le monde de l'éducation.

Peut-on dire qu'il y a une rupture entre le monde qui est décrit aux jeunes étudiants et la réalité ensuite ?

Depuis 30 ans, nous avons « vendu » aux jeunes plusieurs mensonges. Premier mensonge : le fait qu'être diplômé de bac + 4 ou plus représente la certitude d'un emploi garanti à vie. Aujourd'hui, ce n'est plus vrai. Deuxième mensonge : une méconnaissance de ce qu'est réellement l'économie. Dans l'esprit du grand public et des jeunes en particulier, économie rime avec CAC 40. Or ces grandes entreprises, qui réalisent bon nombre de leurs profits à l'étranger, sont loin d'être représentatives de l'économie française. Dans l'hexagone, sur les deux millions et demi d'entreprises, 95 % ont moins de 20 salariés. Ce sont celles qui embauchent. Il y a donc un véritable antagonisme entre la réalité de l'économie et ce que les jeunes en perçoivent. Le troisième mensonge est partiellement lié aux 35 heures : on a réussi à mettre dans l'esprit des Français qu'en travaillant moins, on pouvait gagner plus.

Combien de métiers différents l'artisanat représente-t-il ?

Ce sont environ 500 activités artisanales. Si l'on regarde simplement les artisans d'art par exemple, il existe en réalité 217 métiers différents. Des métiers qu'on peut classer dans quatre grands secteurs : l'alimentation (avec tous les métiers liés à la bouche : chocolatier, boucher, charcutier, pâtissier, boulanger, glacier, etc.), les métiers du bâtiment, les métiers liés à la fabrication et à la production, et tous les métiers de services à la personne ou à l'entreprise (coiffure, esthétique, mécanique, maintenance informatique, etc.). Il existe aujourd'hui plus d'un million d'entreprises artisanales en France. Une entreprise française sur trois est une entreprise artisanale.

Contact : APCMA, 12, avenue Marceau, 75008 Paris
Tél. : 01 44 43 10 00 - www.artisanat.fr

Trouver des locaux

Un choix à ajuster à la nature de l'entreprise

C'est un acte majeur, car il reflète une certaine image de l'entreprise et implique de nombreux coûts annexes (création des documents commerciaux, information des clients, actes administratifs...). La taille de l'entreprise conditionnera votre choix.

Dès lors que vous produisez, que vous souhaitez être au contact direct d'une clientèle de passage ou que vous stockez, la question de trouver des locaux s'imposera naturellement. Les chambres de commerce et des métiers, ainsi que les mairies, mettent à votre disposition des listes de locaux.

S'offre ensuite à vous une multitude de choix. Tout d'abord les Pépinières. Souvent soutenues par les collectivités locales, elles offrent temporairement des locaux, parfois des services, et mettent en relation les entrepreneurs implantés sur leur site afin de renforcer la solidité de l'entreprise au démarrage.

Vous pouvez également opter pour la sous-location qui doit être autorisée dans le bail du locataire principal et inviter le propriétaire à participer à l'acte de sous-location. ■

Autres solutions

Il existe aussi les offres des entreprises de domiciliation, dont l'objet est d'offrir au siège de l'entreprise une adresse qui peut-être prestigieuse – mais non un espace –, et les centres d'affaires, qui proposent, outre la domiciliation, des bureaux, des services variés et souvent une salle de réunion.

Les baux commerciaux

Communément appelé « bail 3/6/9 », le bail permet de s'installer durablement dans un lieu loué et ouvre un droit à résiliation triennale – d'où son nom. Le préavis est de six mois et doit être donné par acte d'huissier. La révision des loyers est indexée sur l'indice du coût de la construction. Vous disposez d'un droit au renouvellement du bail couvert par une indemnité si le propriétaire refuse.
Sur les locaux : www.cci.fr rubrique implantation d'entreprise
Sur les baux commerciaux : www.cmparis.fr/

Exercer à son domicile

Plus facile qu'on ne le croit

Repères
L'information la plus claire est accessible sur le site de l'Agence pour la création d'entreprises (www.apce.com).

S'installer chez soi ! Un conseil, ne tentez sous aucun prétexte de vous jeter dans les règlements officiels. Sur ce point, l'Agence pour la création d'entreprises est limpide : si la seule domiciliation vous intéresse, il n'y a aucune restriction, sauf interdiction énoncée dans votre bail. Toutefois, il faut alors distinguer les sociétés des entreprises individuelles. Pour les premières, si une telle clause existe dans le bail, la loi d'initiative économique autorise la domiciliation de la société chez soi pendant une durée maximale de cinq ans. L'entrepreneur devra en informer le propriétaire des locaux ou le syndic de copropriété par lettre recommandée avec accusé de réception.

Si vous exercez physiquement votre activité à votre domicile, celle-ci ne doit pas être nuisible à votre entourage. Vous ne pourrez donc pas produire ou stocker. Là aussi, vérifiez que votre bail ou le règlement de la copropriété ne comporte pas de clause restrictive sur ce point. ■

Conditions particulières

En matière d'exercice de l'activité à domicile, des conditions supplémentaires sont imposées aux communes de plus de 200 000 habitants et à toutes celles des Hauts-de-Seine, de la Seine-Saint-Denis et du Val-de-Marne. Il est précisé que seuls les occupants du logement peuvent exercer l'activité. Il doit s'agir de leur résidence principale, et l'activité ne doit pas engendrer de passage de clientèle ou de marchandises. Aucune contrainte n'est applicable si vous créez dans une zone franche urbaine (ZFU). Une décision de la cour de Cassation précise qu'un bail conclu à « usage exclusif d'habitation » n'équivaut pas à une clause interdisant formellement l'exercice d'une activité professionnelle. Pour en savoir plus : www.apce.com

Se tester grâce au portage salarial

Un mode de création d'entreprise en expansion

Vous n'êtes pas encore prêt à sauter le pas de la création d'entreprise ou vous souhaitez répondre à une offre de travail ponctuel. Vous pouvez recourir à une société de portage. Créées dans les années 1980, elles servent d'intermédiaires entre la personne qui effectue une prestation et le client final. Le portage vous permet de développer votre projet en conservant votre statut de salarié en se déchargeant de la partie administrative. Il vous permet d'articuler votre vie familiale et votre vie professionnelle. C'est d'ailleurs sans doute ce qui explique que le portage salarial est aujourd'hui plébiscité par les femmes.

Comment ça marche ?

Les prestations peuvent être ponctuelles ou récurrentes. Il s'agit en général de missions de services. La personne portée démarche les clients et négocie avec eux ses tarifs. Les sommes sont perçues par la société de portage. Elles sont ensuite reversées sous forme de salaire à la personne qui effectue la mission, déduction faite des cotisations sociales, des charges sociales et fiscales et d'une commission (dont le montant s'élève de 5 à 10 %). ■

Quelques chiffres

La société de portage vous libère des contraintes de la gestion administrative et comptable. Quant aux documents commerciaux, ils sont établis au nom de la société de portage. Par exemple, 1 000 euros de prestation facturée vous rapporteront environ 500 euros de salaire net (source : SNEPS). Renseignez-vous sur la société de portage qui aura vos faveurs. Lisez le contrat qui vous lie à elle afin de vous rassurer sur le montant de votre rémunération finale.

Pour en savoir plus : Syndicat national des entreprises de portage salarial (www.sneps.fr) et www.fenps.fr.

Repères

Le principe des sociétés de portage plaît aux Français qui l'utilisent de plus en plus.

100 000 porteurs de projets et créateurs y ont recours.

Acheter ou louer son matériel

Les questions à se poser avant de trancher

Lorsque vous pensez équiper votre entreprise d'un nouveau matériel, plusieurs questions émergent avant de choisir de louer ou d'acheter. Trois options s'offrent à vous : l'achat pur et simple, le crédit-bail et la location évolutive.

Quelle utilisation allez-vous en avoir ?

Pour les achats durables, d'un faible montant, ne nécessitant aucun entretien et mobilisant faiblement votre trésorerie, l'achat reste bien entendu la règle.

Vos besoins vont-ils évoluer rapidement ?

C'est le cas typique du matériel informatique. Matériels et logiciels évoluent très rapidement au gré des nouvelles technologies. La location mobilise faiblement la trésorerie et permet de changer de matériel selon vos besoins, sans pénalité. De surcroît, elle n'alourdit pas la situation fiscale de votre entreprise, les matériels n'étant pas comptabilisés dans votre poste d'immobilisations.

Toutefois, les filiales de groupes bancaires qui montent les dossiers ne font aucun cadeau aux créateurs d'entreprise.

Quelles sont les conséquences financières pour la trésorerie de votre entreprise ?

L'achat mobilise la trésorerie et abonde le compte des immobilisations sur lequel l'entreprise paye la taxe professionnelle.

Ensuite se pose la question du retraitement du matériel. La location évolutive à un surcoût d'environ 10 % par rapport à l'achat, mais demeure la solution la plus souple et, in fine, la plus écologique. ■

Le crédit-bail

C'est un contrat de location avec option d'achat à une valeur résiduelle, souscrit auprès d'une institution financière pour une durée de 24 à 36 mois. S'il a connu des heures glorieuses, il perd de l'intérêt car tout matériel se déprécie rapidement. Il ne permet aucune adaptation liée au cycle de vie de l'entreprise, par exemple un besoin de changement de matériel.

À la recherche de ses clients

Quelques techniques à connaître

Selon une étude réalisée auprès des Français pour la manifestation Planète PME, un bon chef d'entreprise n'est pas naturellement un bon commercial. Cette opinion largement colportée par le grand public est pourtant tout à fait erronée ! Le dirigeant doit être le moteur du dynamisme commercial de l'entreprise.

Chercher des clients

Quel que soit le marché, à un moment donné, il sera nécessaire de valider le modèle. Autrement dit, il faudra aller sur le terrain et rencontrer ses clients. Le passage du projet à la vente est souvent un moment décisif. Ce sont les clients qui vont donner corps à l'entreprise et créer son activité.

Cette confrontation avec les clients permet à la fois de générer un chiffre d'affaire et d'adapter son modèle à la réalité du marché.

Quelques règles d'or pour réussir

Tout d'abord, votre entreprise doit disposer d'un positionnement. Celui-ci s'établit grâce à l'analyse combinée des « 4 P », bien connus des gens de marketing (Produits, Prix, Promotion, Place, c'est-à-dire la distribution). L'outil internet a ajouté les « 2 D » (Dialogue et Database, c'est-à-dire les bases de données).

Avec ces techniques, vous distinguerez les qualités de votre produit et votre politique de prix, quels outils de promotion et de vente vous utiliserez et vos moyens de diffusion. Internet facilite ainsi le contact permanent avec le client et vous incite même à dialoguer avec lui afin de conserver toutes les informations possibles sur ses habitudes, que vous devez déclarer à la CNIL (www.cnil.fr).

Si vous êtes un solo, retenez ce point, très efficace pour vous vendre. Un solo a souvent fait ses armes dans des structures prestigieuses et propose donc la même expertise que ces grandes entreprises, mais au prix d'un petit entrepreneur.

Repères

Gare à la requalification ! Lorsque vous n'avez qu'un seul client, votre création d'entreprise court le risque d'être requalifiée en contrat de travail déguisé, car le lien de subordination du donneur d'ordre est conséquent. Cependant, les choses évoluent. C'est l'administration, et non vous, qui doit apporter la preuve de ce qu'elle avance. Pour en savoir plus sur la performance commerciale : réalisez un test pointu – gratuit – adapté aux PME sur www.ctedev.com.

Pour conquérir une clientèle, il est crucial de savoir vendre, communiquer et parler en public. Il faut oser aller à la rencontre des gens et trouver de nouveaux clients. La force commerciale est ainsi à l'origine du succès de l'entreprise.

Cette étape demande une préparation particulière et un savoir-faire. Dans ce cas, il ne faut pas hésiter à s'entraîner, à demander des conseils, à préparer à l'avance son discours pour ne pas laisser passer sa chance.

Savoir prendre des risques

Lorsque le projet est innovant, l'entrepreneuriat est un challenge, voire un pari risqué. Le créateur décide de consacrer du temps, de l'argent et de l'énergie à un projet dont rien ne garantit le succès.

Certes, il est possible de diminuer les risques, notamment en étant particulièrement vigilant au marché, aux clients, au projet, à l'équipe et aux concurrents, mais le risque zéro n'existe pas dans l'entrepreneuriat. Il est donc conseillé de se fixer quelques règles à ne pas enfreindre et d'apprendre à mesurer les risques pour ne pas se mettre en danger.

Pour minimiser les risques, l'option d'entreprendre à plusieurs présente des avantages.

Surmonter les échecs

L'échec fait souvent partie de l'entrepreneuriat, mais est-ce une fin en soi ? Les entrepreneurs à succès ont-ils connu des échecs ? Peut-on cumuler réussite et obstacles ?

L'échec est souvent aussi difficile à assumer socialement que personnellement. Pourtant, il fait partie de la vie de l'entreprise.

C'est en apprenant à vivre dans l'adaptation permanente que le créateur se prépare à surmonter les obstacles des marchés, de l'organisation ou du management.

La question n'est pas tant de savoir si l'entrepreneur aura ou non à surmonter des échecs, mais plutôt de savoir comment les surmonter et quelle attention y porter.

Une fois qu'il a connu la réussite, l'entrepreneur se découvre une faculté de tout recommencer si nécessaire.

Valoriser le capital

Lorsqu'il crée son entreprise, l'entrepreneur n'espère pas augmenter ses revenus mensuels.

La valorisation du capital passe avant tout par un réinvestissement productif des bénéfices. Autrement dit, mieux vaut dépenser pour des machines, des compétences, des brevets ou autres que dans des biens luxueux, sauf si le luxe fait partie du Business plan. Par conséquent, la qualité de vie des entrepreneurs ne connaît pas forcément un bond.

L'entrepreneur œuvre ainsi à construire et valoriser un capital qui constitue sa véritable richesse. Pour ne pas la dilapider, il est conseillé aux entrepreneurs de bien penser avant de céder des parts de leur entreprise.

Gérer la croissance

La réussite n'est jamais acquise et les entreprises franchissent des paliers dans leur croissance qui constituent de nouveaux défis.

Quelles que soient les difficultés et les étapes à franchir, c'est souvent en en parlant et en écoutant les conseils que les entrepreneurs parviennent à continuer leur progression vers le succès. ■

Communiquer selon son entreprise et son secteur

Savoir adapter sa communication

Repères
Quelques bonnes idées sur : www.lentreprise.com

Autant vous le dire tout net, oubliez la publicité. Le secteur de la communication se scinde en deux grandes familles : d'une part, ce qui touche à la publicité (le média), d'autre part les techniques recensées sous le terme « hors-média ». Ce second ensemble regroupe le marketing, les salons, les relations avec la presse, la communication visuelle, internet...

En tant que créateur d'entreprise, avant de choisir vos outils de communication, vous devrez savoir dans quel secteur vous œuvrez : le BtoC (Business to Consumer), c'est-à-dire l'entreprise dont les produits ou services sont ouverts au grand public, ou le BtoB (Business to Business), l'entreprise dont les produits sont réservés à d'autres entreprises.

L'acte fondateur pour une entreprise vendant au grand public sera de se référencer correctement dans les annuaires ; l'acte fondateur pour celle qui vend aux entreprises, dans les ouvrages recensant les fournisseurs par profession.

S'il existe des dizaines de techniques de communication, voici celles que l'on peut recommander à ceux qui démarrent une activité.

La publicité

C'est une technique très onéreuse qui demande d'énormes moyens pour être ciblée comme il le faut. En tant que créateur, vous pourrez être tenté d'acheter ici ou là un encart publicitaire dans un journal local, et bien souvent vous serez déçu. La publicité est surtout puissante pour les grands groupes, c'est même l'outil de masse par excellence.

Le marketing

Pensez aux différentes formes du marketing. Un mailing ciblé à vos prospects fonctionne parfaitement si le fichier utilisé présente un bon niveau de qualification. Une action de présentation dans la rue de votre produit (street marketing) fait parler et vous crée un capital de sympathie. Foires, salons, réseaux prisés par votre clientèle (plages l'été, bars pour les jeunes...) constituent des moyens d'entrer en contact direct avec vos futurs clients. La distribution dans les boîtes aux lettres reste très efficace. Plombiers, livreurs de pizza ou même grandes surfaces peuvent en témoigner.

Internet

Grâce à un site internet, vous pourrez présenter votre entreprise à vos futurs clients pour un investissement modique, maîtrisable selon vos budgets. Deux conseils : d'abord, seul un site bien référencé sur les moteurs de recherche peut se trouver ; ensuite, renseignez-vous auprès de ces mêmes moteurs, sur les liens sponsorisés. Cette technique, relativement jeune, est révolutionnaire. Vous achetez la présence du nom de l'entreprise lorsque la requête d'un internaute vous concerne et payez chaque clic vers votre site. Par exemple, vous vendez des meubles : vous achetez ce terme et, selon le prix que vous serez prêt à payer par clic d'internaute, vous serez plus ou moins bien classé dans les moteurs. Pensez à changer vos mots fréquemment et à bien définir ce que vous souhaitez proposer.

Les prescripteurs

Cela consiste à se faire connaître favorablement auprès de ceux qui possèdent une forte influence sur une communauté. S'ils adoptent vos produits ou services, ils les recommanderont à leur large réseau. Les marques de vêtements, mêmes les plus modestes, jouent cette carte et elle donne de beaux résultats. Quick Silver et Oxbow ont investi, en leur temps, les communautés de sportifs pour faire leur lit et ensuite assaillir le marché du grand public. Plus simplement, vos clients actuels sont vos meilleurs prescripteurs. Faites vôtre cette maxime : « Les clients de mes clients sont mes clients. » ■

Repères

S'il existe une masse de techniques de communication, pensez avant toute chose à définir le positionnement de votre entreprise. Quels sont vos marchés ? Vos forces ? Luxe ou premiers prix ? Quelle clientèle ? Comment achète-t-on dans votre secteur ? Où achète-t-on ? À quelles périodes de l'année ? À partir de ces réponses, vous pourrez ensuite opter pour les outils les plus efficaces. Enfin, consacrez entre 1 et 5 % de votre chiffre d'affaires à votre communication et faites-le régulièrement.

Chapitre 6

Reprendre une entreprise

Une reprise plutôt qu'une création ?

Et pourquoi pas ?

Repères
Comme c'est le cas pour une création, votre entourage doit être prêt à adhérer à votre projet car votre mode de vie va être modifié de façon durable : votre charge de travail n'aura rien à voir avec celle d'avant et, sur le plan financier, vous vous serez peut-être endetté pour plusieurs années afin d'acheter l'entreprise de vos rêves. Le soutien de votre conjoint peut donc s'avérer primordial.

Près de 500 000 entreprises vont changer de mains au cours des dix prochaines années. Pour la moitié d'entre elles, ce sera à la suite d'un départ à la retraite du dirigeant. La majorité de ces entreprises sont des fonds de commerce et des micro-activités qui n'emploient pas ou peu de salariés. Seules 3 % sont des PME de plus de 20 salariés. Ce sont souvent celles qui intéressent les repreneurs.

L'avantage d'une reprise d'entreprise est de démarrer avec une activité déjà existante. Des éléments techniques permettent à la fois d'évaluer l'activité de la société et son potentiel de développement. Mais comme pour une création, la reprise exige de l'endurance. Elle doit être préparée méthodiquement. Elle doit s'inscrire dans un projet professionnel à long terme, mais aussi dans un projet personnel.

Choisir l'entreprise à reprendre

Une fois votre décision prise, lancez-vous dans la quête de l'entreprise de vos rêves. Préférez les entreprises dans les secteurs que vous connaissez très bien : si vous avez fait toute votre carrière dans le BTP et que, à 50 ans, vous vous lancez dans l'hôtellerie-restauration, le choc va être brutal.

Si le bouche-à-oreille fonctionne généralement assez bien, ne négligez pas pour autant toutes les sources d'information qui existent. Les magazines spécialisés sont nombreux. Ils peuvent vous apporter des renseignements précieux et proposent un grand nombre de petites annonces (surtout des fonds de commerce) : les magazines *Repreneur*, *PIC International*, *ICF l'Argus des Commerces*, etc.

Des cabinets d'intermédiation pour la cession de PME/PMI peuvent vous fournir des opportunités :

- www.intercessio.fr
- Vous pouvez trouver sur **le site internet** d'OSEO une myriade de conseils judicieux qui vous permettront de mieux comprendre et d'appréhender le marché de la reprise. Le site propose également différents contrats types pour sécuriser votre reprise ainsi que plus de 7 000 offres d'entreprises à reprendre (www.reprise-entreprise.oseo.fr.)
- **Les chambres de commerce et d'industrie** organisent régulièrement des réunions d'information sur le marché local de la reprise et vous fournissent de nombreux renseignements pratiques. Les CCI ont lancé, avec l'aide des chambres de métiers, un réseau d'aide aux cédants et repreneurs qui centralise des offres de vente (www.transcommerce.com). Les chambres de métiers proposent également une bourse nationale d'opportunités artisanales (www.bnoa.net).
- **L'Agence pour la création d'entreprises** ne s'intéresse pas aux seuls créateurs : elle propose aussi aux repreneurs de multiples pistes (www.apce.com).

Pensez-y !
Pour trouver l'entreprise que vous allez bientôt diriger et vous assurer qu'elle est digne de vos émois ne négligez pas non plus les avocats, notaires, banquiers, experts-comptables et commissaires aux comptes. De par leur profession et leur réseau relationnel, ils peuvent vous dénicher la perle rare et, sans coup férir, débusquer tous les pièges invisibles au premier coup d'œil !

Vous former pour reprendre

Vous souhaitez suivre une formation à la reprise et parfaire ainsi vos qualités de manager ou renforcer vos compétences dans un domaine (finance, informatique, gestion, etc.) ? Différentes structures peuvent vous aider.

- C'est le cas du club **Cédants et repreneurs d'affaires** (CRA). Cette association a été créée en 1987 par des chefs d'entreprise à la retraite. Elle aide les repreneurs à trouver des entreprises à racheter et propose aussi différentes formations qui peuvent être subventionnées par l'Apec, par votre région ou par des organismes publics : www.cra.asso.fr.
- **Les BGE** (voir page 36) sont présentes partout en France et peuvent aider les repreneurs de plusieurs manières : diagnostics financiers, réalisation de Business plan, bilans de compétences, etc. (www.bge.asso.fr). ■

Un rachat réussi

L'Hostellerie du château de La Barge, un rêve d'enfant

Patrick Revoyre, responsable du château de La Barge

BEPC en poche, Patrick Revoyre entre à l'école hôtelière de Grenoble en 1974. Après une brillante réussite au CAP et au BEP Hôtellerie Service, il enchaîne les expériences dans ce domaine pendant de nombreuses années : des petits hôtels aux 4 étoiles à Courchevel, en passant par des postes à responsabilité dans de grands groupes. Il parfait ensuite sa formation à l'IPC de Clermont-Ferrand, où il approfondit l'économie, la finance, la comptabilité analytique et le marketing. Bref les notions indispensables pour diriger une société. Quelques années plus tard, il décide de se lancer dans l'aventure de la reprise d'entreprise.

Racontez-nous votre rencontre avec la demeure que vous avez rachetée : le château de La Barge.

En 1981, j'étais installé à Mâcon depuis quelques mois pour travailler et mon épouse est venue me rejoindre. Nous avons réservé une chambre au château de La Barge, demeure bourgeoise du XVIIe siècle nichée dans un parc de 4 hectares au cœur du Mâconnais Pouilly-Fuissé. Nous y avons passé la nuit et, le lendemain matin, quand nous nous sommes réveillés, nous avons été sous le charme. Ce lieu magique, que nous n'avions qu'entraperçu en arrivant de nuit, nous apparaissait là au grand jour : un véritable écrin de verdure et, en même temps, un espace empli d'histoire. Nous nous sommes dit tous les deux : « Si un jour nous devons posséder quelque chose, ce sera ça ! »

Il vous faut attendre 22 ans pour qu'un nouvel événement vous remette sur la piste du château…

Oui, un jour, sur le chemin des vacances, nous croisons chez des amis viticulteurs voisins du château de La Barge une jeune femme qui nous est présentée comme en étant la propriétaire. Notre ami viticulteur, très blagueur, qui connaissait notre rêve lointain, lui dit : « Je te présente les futurs propriétaires de ton château. » Et là du tac-au-tac, elle répond : « Ça tombe bien, c'est à vendre ! » Nous restons interloqués quelques instants, mon épouse et moi, sans savoir quoi dire. Puis, je me lance et ose poser la question : combien ? Le rêve a un prix : 660 000 euros. Ce jour-là a sans doute été celui où j'ai fait le calcul mental le plus rapide de ma vie. J'ai d'abord fait la conversion en francs, puis visualisé ce que nous avions en poche, pour me dire, au bout d'une grosse minute, que c'était faisable. Nous avons échangé quelques mots, noté nos numéros de téléphones respectifs, puis nous avons pris la route de Bordeaux où nous résidions alors. Avant de partir, nous avons fait un détour par le château de La Barge pour voir et faire découvrir à nos filles le rêve qui allait bientôt envahir notre vie. L'endroit était sous la neige et fermé ce jour-là, et le charme que nous avions connu 22 ans auparavant était intact. Quelques rides apportées par les ans – synonymes de travaux à prévoir –, mais notre engouement n'en a pas pour autant été freiné. Nous avons rapidement pris rendez-vous avec les propriétaires pour visiter et faire un état des lieux et surtout chiffrer les travaux : 700 000 euros !

Un repreneur de PME est la plupart du temps un salarié qui décide de mettre son savoir-faire au profit de l'économie pour relancer une activité. Il prend souvent des risques importants en quittant une situation salariée confortable pour s'endetter jusqu'au cou. Il faut sensibiliser les différentes administrations fiscales, pour qu'elles apportent une aide préventive en cas d'erreur de gestion ou de procédure.

Cela ne vous a pas arrêté et vous vous êtes lancé tout de même ?

J'ai monté un dossier. J'ai fait réaliser les devis de travaux, dragué les banques de la région. Et j'ai démissionné du poste que j'occupais pour me lancer dans l'aventure. Mon épouse a fait de même, sûre que notre projet aboutirait. La date d'entrée dans nos murs était prévue pour le 1er septembre 2003 et il nous a fallu conclure notre prêt en plein mois d'août, sous la canicule et alors que les principaux décideurs financiers étaient en vacances. Le vendredi 29 août, nous décrochions le prêt et signions les papiers le lundi 1er septembre chez le notaire !

Qu'est-ce qui vous a permis d'être aussi forts et d'aller jusqu'au bout de vos rêves ?

La connaissance du métier de l'hôtellerie de A à Z ; la connaissance de la région, de la concurrence et des atouts touristiques qui nous ont permis de réfléchir au produit que nous souhaitions offrir et au positionnement que nous choisissions. Mais cette histoire n'aurait pas été possible sans la clé du succès : le soutien permanent de ma femme. Être en couple et pouvoir se rassurer, c'est fabuleux. L'esprit d'équipe, l'esprit de couple, c'est l'essentiel dans une aventure entrepreneuriale.

Quel bilan tirez-vous depuis votre reprise du Château de la Barge ?

Notre plaisir et notre passion restent intacts. Nous avons réalisé d'énormes travaux de rénovation qui nous ont permis d'obtenir une troisième étoile en hôtellerie. Aujourd'hui l'aventure se poursuit avec l'appui de ma fille Juliette qui m'a rejoint depuis le début de l'été. Cela va me permettre de réfléchir à de nouveaux projets comme l'ouverture d'un SPA par exemple. Fort d'une très bonne notoriété, acquise grâce au travail de qualité que nous fournissons depuis notre reprise en 2003, nous pourrons ainsi développer un peu plus le chiffre d'affaire surtout d'octobre à fin mars ou le tourisme à tendance à chuter fortement.

Votre rêve s'est donc concrétisé ?

Après une carrière bien remplie avec différents postes à responsabilité dans le groupe ACCOR et la direction d'un hôtel indépendant à Pauillac, jusqu'au rachat du château de La Barge, j'avais acquis toutes les données professionnelles pour mener à bien un tel projet.

De plus, vous ne croyez pas si bien dire : devinez à quoi je passais une partie de mon temps quand j'étais enfant : à dessiner des châteaux !

Contact :

www.chateaudelabarge.fr

Le rachat d'une entreprise

Sachez prendre vos précautions

Ça y est ! Vous avez enfin trouvé l'entreprise dans laquelle vous êtes prêt à investir votre temps, votre argent et votre énergie.

Pas d'affolement, soyez prudent !

Nombreux sont les repreneurs qui déchantent après quelques rendez-vous avec le cédant. Ce dernier veut-il réellement transmettre son entreprise ou cherche-t-il simplement à évaluer son bien comme le ferait un propriétaire d'appartement qui veut savoir quelle est sa valeur sur le marché ? Est-il prêt à lâcher les rênes pour vous laisser les coudées franches ou veut-il garder un petit rôle dans l'entreprise (une très mauvaise idée pour votre légitimité de patron si ce passage de flambeau dure trop longtemps) ? Une fois l'entreprise mise à nu par vos conseils (avocat, expert-comptable, commissaire aux comptes, etc.), est-elle aussi attirante qu'elle en avait l'air ?

Une véritable enquête

Prenez le temps d'étudier tous les paramètres qui entrent en ligne de compte pour voir si l'offre est intéressante. Il faut analyser la situation exacte de l'entreprise en s'appuyant sur une connaissance solide de son secteur d'activité et de son environnement. Nourrissez-vous d'un maximum d'informations : visitez les locaux, observez l'implantation de la société (accessibilité, nuisances, possibilités d'expansion), questionnez les salariés, regardez attentivement l'outil de production et vérifiez tous les documents possibles.

Lors de la discussion avec le cédant, essayez de cerner au mieux ses motivations. Qu'est-ce qui le

Repères

N'oubliez pas d'évaluer vos capacités d'engagement financier : épargne personnelle, possibilités d'emprunt, indemnités de licenciement, etc. L'insuffisance de capitaux propres ou de financement à long terme est souvent une cause d'échec.

Repères
Avant de signer, sachez que :
- la promesse de vente vaut vente lorsqu'il y a consentement réciproque des deux parties sur la chose et sur le prix (article 1589 du Code civil) ;
- la vente est parfaite entre les parties et la propriété est acquise de droit à l'acheteur à l'égard du vendeur dès qu'on est convenu de la chose et du prix (article 1583 du Code civil).

pousse à transmettre son entreprise ? L'âge, la maladie, le besoin de repos, le besoin d'argent, des difficultés avec les salariés, des difficultés avec les clients. Les raisons avouées ne sont pas toujours les vraies...

Négocier le prix

Une fois acquise la certitude que l'entreprise est en bonne santé et que le cédant a réellement l'intention de vous vendre son bien, vous allez devoir vous mettre d'accord sur le prix. C'est l'étape cruciale de la négociation. Notez que le cédant a toujours tendance à surévaluer sa société. Logique : il y travaille depuis longtemps, s'y est investi autant physiquement que psychologiquement et ne va pas abandonner son bébé pour une poignée de cacahuètes. À vous de lui faire voir la réalité... avec tact.

Le prix est une chose, mais il va aussi vous falloir négocier le mode de règlement, la garantie d'actif et de passif, une clause de non-concurrence pour le cédant... Entourez-vous d'un avocat ou d'un expert-comptable pour éviter les mauvaises surprises. Une transmission réussie se résume simplement : il faut que vous et lui ayez tous deux l'impression d'avoir gagné quelque chose. ■

Évaluer votre acquisition

$$\frac{\text{Prix de vente}}{\text{Résultat net moyen des deux dernières années}}$$

➡ S'il dépasse 7, le taux d'échec est supérieur à 30 %.
➡ Interprétation : le prix de vente doit correspondre à 5 ou 6 fois les bénéfices. Plus l'entreprise est payée cher, plus le risque est grand.

$$\frac{\text{Dividende}}{\text{Résultat net moyen des deux dernières années}}$$

➡ Au-delà de 70 %, le risque d'échec augmente d'un tiers.
➡ Interprétation : l'entreprise ne doit pas trop distribuer de dividendes pour conserver une partie de ses résultats.

$$\frac{\text{Endettement à moyen et long terme}}{\text{Chiffre d'affaires}}$$

➡ Même problème si ce ratio est supérieur à 4.
➡ Interprétation : plus l'endettement est important, plus le risque augmente...

Entreprendre autrement : la franchise

Dominique Baschet, membre du collège des Experts de la Fédération française de la franchise

Coiffure, alimentation, hôtellerie, cosmétique, chocolaterie... La franchise s'est fait une place dans tous les secteurs. Pas une ville qui n'ait aujourd'hui ses franchisés. Un succès qui croît chaque année puisque, l'an passé, près de 4 000 unités de franchise ont vu le jour. L'aventure tente donc de nombreux candidats qui rêvent de voler de leurs propres ailes tout en bénéficiant de la notoriété d'une enseigne.

Comment définissez-vous la franchise ?

La franchise est un contrat de collaboration entre deux entreprises indépendantes, celle du franchiseur et celle du franchisé, par lequel le franchiseur met à la disposition de son franchisé, en contrepartie du paiement d'un droit d'entrée et de redevances, une marque et des signes de ralliement de la clientèle et lui transmet un savoir-faire substantiel et spécifique, exploité suivant des techniques uniformes, notamment commerciales, préalablement expérimentées, régulièrement mises au point, contrôlées et transmises au franchisé sous forme d'une assistance continue.

La franchise est née en France il y a environ 40 ans. Comment a-t-elle évolué ?

On peut distinguer trois périodes. Du début des années 1970 à 1990, c'est la phase du lancement. On constatait d'une façon générale des relations hiérarchiques, voire de domination du franchiseur vis-à-vis de ses franchisés. Du début des années 1990 à 1995, à cause notamment de la crise économique, le nombre de franchiseurs et de franchisés a diminué.

Depuis 1995, les nombres de franchiseurs et de franchisés n'ont cessé de croître chaque année. On compte actuellement plus de 1 500 réseaux et environ 62 000 franchisés. La franchise s'est professionnalisée. Les relations entre franchiseurs et franchisés sont beaucoup plus égalitaires. Les franchiseurs privilégient la concertation.

Quelles sont les grandes obligations des franchiseurs et des franchisés ?

Le franchiseur doit respecter ses obligations contractuelles et notamment celles inhérentes à la franchise :

- mise à disposition du franchisé de la marque et des signes de ralliement de la clientèle ;
- transmission et actualisation du savoir-faire ;
- assistance continue du franchisé sans s'immiscer dans sa gestion ;
- le franchiseur doit également développer le réseau en recrutant de nouveaux franchisés et simultanément animer le réseau, en rendant notamment des visites régulières au franchisé.

Le franchisé doit :

- exploiter son entreprise en respectant les normes du franchiseur ;
- payer ses redevances au franchiseur ;
- suivre les stages de formation initiale et continue ;
- participer à la vie du réseau.

En quoi la franchise peut-elle être intéressante pour quelqu'un qui veut se lancer dans l'aventure de la création d'entreprise ?

La franchise constitue un formidable moyen de création d'entreprise et donc d'emplois. Elle permet à des commerçants de demeurer indépendants sans être seuls : grâce à la marque et aux signes de ralliement de la clientèle que le franchiseur met à leur disposition, au savoir-faire qu'il leur transmet, à l'assistance qu'il leur fournit sous forme de formation et de visites régulières. La difficulté repose sur le juste équilibre que le franchiseur doit trouver entre l'assistance au franchisé, sans laquelle il n'y a pas de franchise, et la non-immixtion dans la gestion de l'établissement.

Comment voyez-vous l'avenir de la franchise en France ?

La franchise continuera à se développer en France, car les franchiseurs mettent en place des concepts fondés sur un réel savoir-faire qu'ils sauront faire évoluer. Ils privilégient la concertation et le dialogue permanent avec leurs franchisés.

Contact :

www.franchise-fff.com

Pour plus d'informations

La Franchise, guide juridique, conseils pratiques (Gualino, 2005).

Chapitre 7

Développer son entreprise

Les aides à l'embauche

Vous encourager à créer des emplois

Repères
Pour en savoir plus : www.pole-emploi.fr
Sur le contrat de professionnalisation : www.professionnalisation.org

Seules 22 % des nouvelles entreprises sont créatrices d'un emploi dès l'origine. Aussi, dès lors que recruter répondra à un besoin de votre activité, cela demandera un calcul minutieux de la valeur à créer pour le pérenniser. Au-delà des aspects financiers, vous devrez faire preuve d'une extrême clairvoyance lors du recrutement.

Alors que la France a connu de longues heures de débat autour des contrats Nouvelle Embauche et Première Embauche, voici les aides les plus courantes.

Les dispositifs en faveur des jeunes

Le contrat Jeunes en entreprises : CDI pour les 16 à 22 ans n'ayant pas obtenu le bac. L'employeur reçoit une prime chaque trimestre pendant 3 ans.

Le contrat d'apprentissage : CDD de 1 à 3 ans pour les jeunes de 16 à 25 ans. L'employeur d'une entreprise de moins de 11 salariés bénéficie d'une exonération totale des cotisations patronales et salariales et d'un crédit d'impôt.

Le contrat de professionnalisation : CDD ou CDI pour les jeunes complétant en entreprise leur formation initiale (16 à 25 ans) et les demandeurs d'emploi de plus de 26 ans. La rémunération est calculée sur la base du SMIC et ouvre une exonération des charges patronales de Sécurité sociale.

Les autres dispositifs favorisant la création d'emploi

Le contrat Initiative Emploi : CDD ou CDI pour toute personne sans emploi rencontrant des difficultés pour en trouver un. L'employeur perçoit une aide de l'État, variable en fonction du public concerné, mais inférieure à 47 % du taux horaire du Smic. Le salarié peut bénéficier d'accompagnement, d'une formation, et n'est pas comptabilisé dans l'effectif de l'entreprise.

Aide dégressive à l'employeur : CDD d'au moins 12 mois ou CDI pour les demandeurs d'emplois indemnisés inscrits à Pôle emploi depuis plus d'un an, et ceux de plus de 50 ans inscrits depuis plus de 3 mois. Une aide est versée les trois premières années à l'employeur.

Le contrat d'insertion : CDD ou contrat d'intérim pour les personnes percevant le RMI, l'ASS, l'API ou l'AAH depuis 6 mois au cours de la dernière année ; l'employeur reçoit notamment une aide financière de 433,06 euros et le salarié embauché n'est pas comptabilisé dans l'effectif total de l'entreprise.

L'embauche de personnes handicapées : l'entreprise perçoit une prime de 1 600 euros.

Il existe par ailleurs des aides à l'embauche liées :

- **à la localisation de l'entreprise :** en ZFU, en ZRU et en ZRR,
- **au recrutement de cadres** (ARC) dans certaines régions ;
- **à la fonction du nouvel embauché :** ainsi les aides OSEO pour l'embauche de chercheurs.
- **à la taille de l'entreprise :** seules les très petites entreprises (TPE, moins de 20 salariés) bénéficient du contrat Nouvelle Embauche. C'est un CDI. Souple, il permet à l'employeur comme au salarié, durant les deux premières années, de mettre fin au contrat sur simple lettre recommandée. Le préavis est calculé en fonction de l'ancienneté et l'indemnité de départ se monte à 8 % des salaires bruts si, en tant qu'employeur, vous êtes à l'origine de la rupture du contrat. ■

Le Titre emploi-entreprise

Embauche, attention aux embûches : maintenant que vous embauchez, vous allez découvrir la complexité administrative. Pour la réduire, le gouvernement a créé le Titre emploi-entreprise. Il constitue, pour l'employeur et le salarié, un document ayant valeur à la fois de contrat de travail, de déclaration unique d'embauche, et de bulletin de salaire. Toutefois, sur les aspects concernant le droit social, mieux vaut vous assurer les services d'un bon expert-comptable.

Repères

Comment calculer l'augmentation de marge brute nécessaire à l'entreprise pour rentabiliser la création d'un emploi supplémentaire ? Jean-Marc Jaumouillé, directeur des techniques professionnelles de Fiducial, indique la marche à suivre : sur la base d'un salaire au Smic (15 000 euros par an), ajoutez l'ensemble des coûts directs (charges, bureau, téléphone…) et indirects (formation, organisation…) liés à cette embauche. L'entreprise devra générer entre 20 000 et 30 000 euros de marge brute supplémentaire (la marge brute étant le chiffre d'affaires diminué du montant des achats).

Pour créer des emplois, créons des employeurs

David Pouyanne, président de Réseau Entreprendre

Réseau Entreprendre a été fondé en 1986. Il se compose de 42 associations réparties sur l'ensemble du territoire, soit 67 implantations, et de 4 000 chefs d'entreprise qui donnent bénévolement de leur temps et de leur expérience pour accompagner des porteurs de projets de création (ou de reprise) de PME, c'est-à-dire des entreprises qui pourront créer chacune plus d'une dizaine d'emplois en 3 ans.
Réseau Entreprendre est devenu membre fondateur de Réseau Entreprendre International en 2009 qui est présent dans cinq pays : Belgique, Italie, Maroc, Suisse et Tunisie.

Quelles sont les étapes pour un créateur qui frappe à votre porte ?

La première étape est la validation. Le créateur présente son projet au directeur ou au chargé d'études d'une association. Il est aiguillé vers quelques chefs d'entreprise auxquels il va présenter son idée pour obtenir critiques et conseils. Ceux-ci l'aideront à renforcer son projet. Le candidat lauréat se présente ensuite devant le comité d'engagement. Une dizaine de chefs d'entreprise l'écoutent et jugent la crédibilité de l'homme et de son projet. Ils se concertent pour décider si le candidat sera lauréat ou non de l'association.

Comment s'effectue ensuite l'accompagnement ?

Première étape, chaque lauréat est accompagné personnellement par un chef d'entreprise qui va le voir tous les mois pendant deux à trois ans. Une vraie relation personnelle se noue à ce moment-là.

Deuxième étape : les lauréats d'une même promotion se retrouvent une fois par mois pour discuter de l'avancement de leur projet et de leurs réalisations. C'est l'occasion de partager leurs petites difficultés, mais aussi leurs grandes joies. Petit à petit se crée un réseau à la fois amical et de business.

Enfin, le lauréat peut appeler à tout moment l'association pour lui demander un conseil et lui demander de le mettre en contact avec l'un des chefs d'entreprise de l'association afin de résoudre telle ou telle question ou d'avancer sur son projet.

Le créateur a donc un chef d'entreprise « référent ». Il bénéficie également d'un prêt ?
Oui. Une fois que la dizaine de chefs d'entreprise qui a étudié son projet l'a nommé lauréat, il obtient un Prêt d'honneur personnel de 15 000 à 50 000 euros, sans intérêt et sans garantie et jusqu'à 90 000 euros pour les projets innovants.
Rappelons que le Prêt d'honneur s'accompagne d'un effet levier au niveau des emprunts bancaires. Cela permet aussi de sceller la confiance de part et d'autre. Réseau Entreprendre n'a en revanche aucun autre lien financier ; il n'y a aucune participation au capital de l'entreprise.
C'est un système qui est gratuit. Qu'y gagnent, finalement, les uns et les autres ?
Il y a, d'une part, un créateur qui « bout » à l'idée de développer son projet, et d'autre part des chefs d'entreprise, fascinés à l'idée de revivre, à quelques années de distance, les étapes de la création d'entreprise qu'ils ont vécues eux-mêmes. C'est donc gagnant-gagnant pour tout le monde !
Les sociétés ainsi épaulées sont-elles pérennes ?
Plus de 87 % des sociétés que nous aidons sont toujours en activité trois ans après leur création. Et, au bout de cinq ans, chaque société soutenue crée en moyenne une quinzaine d'emplois. Finalement, les nouvelles entreprises créent ou sauvegardent potentiellement 5 000 emplois chaque année.
Qui sont les patrons de PME qui donnent ainsi bénévolement de leur temps ?
Il y a à la fois quelques patrons de grands groupes et des patrons d'entreprises de taille plus modeste. Leur point commun est l'envie de transmettre, de partager, le plaisir d'accompagner des créateurs.

Contact :
www.reseau-entreprendre.org

Le développement de son entreprise

La mûrir et l'organiser

Repères
Tous les pays de l'OCDE montrent un très fort taux de création de petites entreprises. Leur seul point commun avec la France : ils savent favoriser leur développement.

Au stade où vous en êtes aujourd'hui, c'est-à-dire celui de monter votre projet de création d'entreprise, développer l'entreprise peut vous sembler précoce. Pourtant, il est utile de l'envisager dès à présent, car une fois dans l'action, le temps file et vous devrez savoir comment réagir si des opportunités de développement se présentent. Tout d'abord, le développement n'est pas une fin en soi. Sur les 3,4 millions d'entreprises françaises, seules 30 000 dépassent le seuil des 50 salariés.

Un état d'esprit

Avant toute chose c'est une question de disponibilité intellectuelle. Si, à l'origine, vous souhaitiez assouvir un besoin de liberté professionnelle et d'indépendance, le développement ne vous semble certainement pas essentiel.

En revanche, si vous courez vers plus de clients car vous souhaitez élargir votre sphère d'influence, le régime de l'entreprise va s'intensifier. Alors, vous recruterez, vous accroîtrez certains outils et moyens de production de l'entreprise (locaux, matériels, collaboration…). Si cette situation se stabilise, que l'entreprise prend du volume, conforte sa situation par rapport à la concurrence, améliore ses marges bénéficiaires tout en maîtrisant ses charges, il faudra alors vous poser la question du développement.

Se rendre disponible

Lorsque l'entreprise fonctionne bien, l'entrepreneur est au cœur du système, toujours à régler cent problèmes à la fois. Cela laisse peu de liberté pour s'ouvrir à d'autres sujets que l'on ne peut aborder qu'avec sérénité. Pour se développer, vous apprendrez d'abord à vous rendre disponible, afin de sentir le vent de l'avenir et de réfléchir aux tendances du marché et à l'avenir de l'entreprise.

La démarche

Le développement est un saut vers l'inconnu. Il fait appel à une démarche intellectuelle profonde, structurée et risquée. De plus, cette évolution forcera le créateur que vous étiez, omniscient et omnipotent, à repenser ses schémas de management.

- Avant toute chose, il vous faudra mener une réflexion consistant à définir un état des lieux clair de l'endroit atteint au moment où vous posez sur le papier vos choix de développement.
- Puis vous établirez la liste des objectifs fixés, la stratégie à conduire et les moyens nécessaires.
- Enfin, imposez-vous un calendrier. Si vous avez peu de chances d'atteindre votre objectif au jour près, il est utile de circonscrire votre nouvelle sphère temporelle.

Bien entendu, vous établirez plusieurs stratégies, car une foultitude de directions s'offrira à votre volonté d'expansion dès lors que vous y consacrerez du temps. Chacune d'elle devra être souple, car tout chef d'entreprise connaît le poids des contraintes et l'adaptabilité nécessaire lorsqu'on met en place un projet.

La stratégie

La spécialisation : elle consiste à satisfaire un marché précis avec peu de produits. L'objectif est d'étouffer la concurrence en montrant votre capacité à offrir des produits très pointus. Votre présence est très forte et de ce fait votre rentabilité s'en trouve renforcée. Cette stratégie est dite « de niche ».

La diversification : cela consiste à utiliser toutes les ressources de votre entreprise pour conquérir des marchés inconnus jusque-là et satisfaire de nouveaux besoins. Cette stratégie impose une connaissance et une écoute de ces nouveaux marchés afin de satisfaire les nouvelles tendances et d'établir ainsi des relations de confiance avec ces nouveaux clients. La stratégie de diversification vous imposera un renouvellement rapide de vos produits. ■

Repères

Chaque stratégie doit être détaillée et doit indiquer pour chaque étape une estimation en termes de temps et de budget. Tout ceci donnera lieu à un contrôle pointilleux dans le cadre d'un document que l'on nomme « tableau de bord ». Il laisse une place à la correction, si la stratégie retenue requiert un recadrage au fur et à mesure de son exécution. Si vous diversifiez votre activité, votre capacité d'autofinancement sera mise à rude épreuve. Pensez alors aux partenaires financiers qui pourront vous permettre de franchir le cap rapidement tout en mutualisant le risque.

Explorer les marchés étrangers

Informez-vous !

Les normes réglementaires
Elles concernent la qualité, l'étiquetage, la protection du consommateur, les spécificités techniques, les documents d'utilisation traduits dans la langue du pays concerné… Pour les organismes européens : se renseigner auprès d'Ubifrance ou dans l'un des 32 Euro Info Centres (adresses disponibles auprès de votre chambre de commerce ou de métiers).

Avec le développement d'internet dans tous les pays du monde, n'importe quelle jeune PME française peut vendre des produits et des services. Prenez toutefois le temps de vous documenter, de consulter des spécialistes et de vous organiser.

Chaque pays, même s'il est européen, possède sa propre réglementation commerciale. Les produits exportés doivent en effet correspondre aux normes ou aux exigences réglementaires du pays.

Différentes sources d'information existent :

- des guides pratiques d'éditeurs comme Dalloz ou les Éditions d'Organisation ;
- *Le Moniteur du commerce international* (Moci) est un hebdomadaire qui rend compte de l'actualité en matière de réglementation commerciale internationale ;
- les directions régionales du Commerce extérieur (leurs coordonnées sont disponibles à la préfecture de région) donnent des renseignements sur les aides possibles, les stratégies à adopter, les adresses à connaître, comme celles des postes d'expansion économique installés dans 174 ambassades de France à travers le monde, qui constituent une excellente base de lancement ;
- les chambres de commerce et d'industrie et les chambres de métiers disposent toutes de services spécialisés ;
- les douanes communiquent les différentes barrières douanières entre deux pays ;
- Ubifrance propose des études par pays indiquant les opportunités de chacun des marchés nationaux (www.ubifrance.fr).

Le Plan Cap Export pour soutenir les entreprises

Ce dispositif gouvernemental de soutien est destiné aux PME pour favoriser leur développement à l'international.

Le volontariat international en entreprise (VIE)

Le VIE permet aux entreprises françaises de confier à un jeune de moins de 29 ans une mission professionnelle à l'étranger durant une période de 6 à 24 mois. L'objectif est de favoriser le développement international des entreprises en leur proposant les compétences d'un jeune professionnel, à un coût inférieur à celui d'un cadre expatrié.

Repères
Pour en savoir plus : www.exporter.gouv.fr et le site de la direction des relations économiques extérieures, www.dree.org.

Des mesures renforcées par Cap Export pour gagner des marchés à l'étranger

Le crédit d'impôt export étendu : le crédit d'impôt export permet à une PME de réduire le coût d'un salarié chargé de développer les exportations. Dans le cadre de Cap Export, cette mesure a été étendue aux prospections commerciales réalisées dans l'espace économique européen. Les dépenses éligibles ont été élargies aux rémunérations des volontaires internationaux en entreprise (VIE).

Une exonération de l'impôt sur le revenu : les salariés qui exercent des activités liées à l'exportation pendant plus de 120 jours par an à l'étranger peuvent déduire de l'assiette de leurs revenus imposables la fraction de leur salaire correspondant au temps passé hors de France. Cette exonération s'appliquait auparavant lorsque le séjour à l'étranger dépassait 183 jours par an.

Un renforcement de l'assurance prospection : la garantie des dépenses par l'assurance prospection, que gère la Coface pour le compte de l'État, passe de 65 à 80 % pour les prospections dans un ou plusieurs des cinq pays suivants : Chine, Japon, Inde, Russie et États-Unis.

Une garantie plus importante des crédits de préfinancement : deux nouvelles mesures ont été mises en place afin d'inciter les banques à accompagner le risque des exportateurs. D'abord une nouvelle garantie de préfinancement, à hauteur de 70 %, destiné à financer des contrats à l'export, mise en œuvre par la Coface. Ensuite, une augmentation de 50 à 70 % de la garantie des préfinancements à l'export déjà existante chez OSEO. ■

Êtes-vous prêt pour l'export ?

L'international pour les PME

Repères
L'entrepreneur devra, au sein de l'entreprise, dédier un ou plusieurs postes aux exportations internationales, de manière à préserver les services chargés du marché français.

Vendre à l'étranger est à la portée des petites entreprises. Parmi les questions à se poser : l'entreprise pourra-t-elle faire face à la concurrence mondiale ? Sera-t-elle assez souple pour s'adapter à d'autres marchés hors de son pays ? Sera-t-elle assez solide pour faire face à ces nouvelles dépenses ? Ses compétences suffiront-elles ou faudra-t-il en acquérir d'autres ? À quel coût ?

Si ce tour d'horizon des forces et faiblesses de l'entreprise est positif, l'entrepreneur ne doit pas économiser ses moyens pour arriver à établir un flux permanent avec l'étranger : prospection de clients dans de nouveaux pays, évaluation des difficultés d'accès à ces marchés, voyages de promotion, participation à des salons…

Les aides : assurances et finances

Certains organismes se chargent d'assurer les risques au moment où les entreprises prospectent, vendent et livrent leurs produits à l'étranger. Le plus connu est la Coface qui offre des aides financières pour s'engager à l'export et des polices d'assurance qui permettent, par exemple, de se faire payer par ses clients en cas de problème. ■

Les produits d'assurance

Assurance « foire », qui garantie les manifestations à l'étranger ; assurance « prospection simplifiée », recouvrant de nombreux services comme la prise en charge de frais ou des conseils juridiques ; assurance « crédit », qui garantit les paiements en cas de problème avec un acheteur. On compte plus de 150 types d'aides financières mises en place par la France ou la Commission européenne. **Pour en savoir plus :** www.ubifrance.fr et www.coface.fr

S'associer à des professionnels de l'export

Se faire aider par un grand groupe

Le développement à l'international de votre entreprise peut passer par le parrainage d'une grande société française. Par des structures de portage, elles offrent un soutien peu onéreux aux entreprises déjà familiarisées avec la notion d'export.

LE PARRAINAGE

Ceci est pratiqué notamment par 35 groupes français rompus aux méthodes de l'exportation, réunis depuis 1996 dans une association baptisée Partenariat France Entreprises pour l'export (Dassault, Accor, Pernod-Ricard, ou encore Total). Ils soutiennent et parrainent les projets de jeunes entreprises, fournissent des conseils juridiques et commerciaux, des contacts, des aides sur le terrain, un hébergement au cours d'un voyage...

Ils n'ont pas le droit de mettre au point ou de modifier la stratégie commerciale de l'entreprise candidate. La demande de portage transite par la direction régionale du Commerce extérieur. Le soutien est gratuit ou peu coûteux, mais ne peut durer plus de deux ans.

LES GIEE

Les groupements d'intérêts économiques européens sont des structures favorisant l'association entre des entreprises européennes pour coproduire ou répondre à des appels d'offres publics ou privés.

Les formalités de constitution sont réduites à la signature d'un contrat entre au moins deux partenaires issus de deux pays différents et n'employant ensemble pas plus de 500 personnes. Attention : tous les membres du GIEE sont solidairement responsables de ses dettes. ■

Les sociétés de service export

L'entrepreneur peut se faire aider par une société de commerce international (cabinet-conseil) qui jouera temporairement le rôle d'un service export s'il n'en existe pas encore dans l'entreprise. Elle effectue les études de marché, trouve des partenaires commerciaux dans les pays prospectés et peut même finaliser des accords commerciaux ou gérer une succursale à l'étranger. Pour en savoir plus : Partenariat France Entreprises (ww.partenariat-france.org).

Œuvrer ensemble pour le progrès

François Hurel, Président du Forum de l'entrepreneuriat de l'OCDE

L'Organisation de coopération et de développement économique (OCDE) regroupe près de 50 pays membres. Au sein de l'OCDE, le Forum de l'entrepreneuriat est au service du développement économique, du développement social et de l'aménagement du territoire par la création d'entreprise.

Vous avez une vue d'ensemble des pays du monde. Qu'en est-il de la création d'entreprise à l'étranger ?

La création à l'étranger n'est pas différente de la création en France : c'est d'abord le goût de l'initiative et de l'indépendance qui font avancer les porteurs de projets. Tordons le cou à une idée communément répandue qui voudrait que créer à l'étranger soit plus simple. Il faut démystifier les idées reçues et ne surtout pas regarder la création d'entreprise à travers le seul prisme de la simplification administrative. L'une des grandes différences entre la France et de nombreux autres pays est ce que j'appelle le lendemain de la création. Et là, hors de l'hexagone, il est parfois beaucoup plus simple de faire vivre son entreprise, surtout lorsqu'elle est petite.

Dans le domaine de la création, peut-on utiliser la formule : « L'herbe est plus verte ailleurs » ?

C'est ce que l'on croit et c'est ce que j'entends dans les différentes manifestations auxquelles je participe. Mais quand certaines personnes m'expliquent, par exemple, que « c'est facile de créer en Grande-Bretagne ou aux États-Unis », je les questionne en leur demandant : « Qui vous l'a dit ? L'avez-vous vérifié ? Avez-vous créé une entreprise dans ce pays ? » Les réponses font sourire : on se rend compte que ce ne sont en fait qu'un ensemble de mythes et d'idées reçues. Je pense que nous avons en France l'un des systèmes les plus simples pour créer une entreprise et que nous ne le disons pas suffisamment. En revanche, ce qui est sûr, c'est que nous avons l'un des systèmes les plus complexes pour les gérer, car aucune distinction n'est réellement faite dans le droit entre petites et grandes entreprises.

Arrêtons également de croire que nous sommes les plus défavorisés en matière de création et que nos cerveaux fuient l'hexagone vers des cieux plus cléments. Il faut relativiser : les Français qui partent créer à l'étranger ne sont pas des centaines de milliers. On est loin de l'hémorragie à laquelle on voudrait parfois nous faire croire.

En revanche, nous avons naturellement des Français qui veulent tenter leur chance ailleurs et c'est logique. Nous avons en fait deux catégories de gens qui partent : ceux qui veulent vivre une aventure personnelle et ceux qui veulent valoriser leurs études. En tout cas, la fiscalité ou l'appât du gain ne sont pas les premiers moteurs de ceux qui s'aventurent ailleurs. L'esprit pionnier existe aussi chez nous.

Quels sont les pays où l'aventure entrepreneuriale est la plus aisée ?

L'Australie est le pays le plus accueillant. On peut y créer vite et facilement. Les Australiens sont dotés non seulement d'une culture entrepreneuriale, mais aussi d'une « culture de la débrouille » et de l'indépendance. Le Canada est le pays le plus ouvert du point de vue des structures qui aident les étrangers souhaitant créer une entreprise. Outre les soutiens à la création proprement dits, l'entrepreneur est aidé dans toutes ses démarches : la recherche de son logement, d'une école pour ses enfants, etc. La famille est accueillie aussi bien que l'entrepreneur. De nombreux créateurs sont attirés autant par cet environnement que par la perspective de la création elle-même. Nous devons y réfléchir.

Paradoxalement, le pays européen où créer est le plus complexe est l'Espagne. Et pourtant, c'est le pays où, rapporté à la population active en âge de monter une entreprise, on crée le plus au monde. Il se monte ainsi deux fois plus d'entreprises en Espagne qu'en France.

L'Amérique est le pays de l'eldorado. L'argent y est roi. Les échanges de service se pratiquent et se tarifent aisément. On peut donc y créer assez facilement une petite entreprise comme une entreprise importante (en restant raisonnable cependant, car le droit américain devient assez complexe lorsqu'on veut créer des structures plus importantes).

Enfin, paradoxalement, le pays où, à ma connaissance, créer est le plus complexe est l'Espagne. Et pourtant, c'est le pays où, rapporté à la population active en âge de monter une entreprise, on crée le plus au monde. Il se monte ainsi deux fois plus d'entreprises en Espagne qu'en France. Le taux de créativité de l'Espagne est de presque 88 pour 10 000.

Je crois à l'épargne de proximité. J'ai la conviction que la création en France doit passer, non pas par l'argent des contribuables et des banques, mais par celui des épargnants.

Ce taux est d'environ 70 pour 10 000 en ce qui concerne la Grande-Bretagne. Pour les États-Unis, 67 pour 10 000. La France est à 44 pour 10 000. Preuve, s'il en était besoin, que la complexité n'est pas totalement en rapport avec création. Néanmoins, ces statistiques doivent être désormais regardés avec un œil nouveau car le régime de l'auto-entrepreneur a fait en trois ans de la France le pays du monde qui a le plus créé d'entreprises. Avec un million d'entreprises nouvelles de plus, nous avons non seulement comblé notre retard, mais mieux encore, la France a montré qu'elle était bien le pays du mot entrepreneur.

Quels sont les secteurs porteurs quand on veut créer à l'étranger ?

Si l'on veut créer une petite entreprise, c'est le service de proximité qui a le vent en poupe, avec tous les services de proximité à la personne et aux entreprises. Dans les pays nord-américains, ce type d'entreprises se crée très facilement. Notez que les Français bénéficient d'un très fort potentiel lorsqu'il s'agit d'exporter leur savoir-faire artisanal dans tous les métiers traditionnels : métiers de bouche, métiers d'art, métiers de créativité... Et puis, il existe également de belles perspectives pour les plus diplômés. Le Français s'exporte assez facilement et être français est un véritable atout. Cessons de cultiver cette sinistrose : personne ne se valorisera en expliquant des recettes miracles à des Français que l'on voudrait décourager plus encore qu'ils ne le sont !

Contact :
www.ocde.org

Conseils pratiques pour réussir

Concilier vie personnelle et vie professionnelle

Ne sacrifiez pas votre vie personnelle

Repères
Si vous manquez d'organisation, consultez la matrice d'Eisenhower : www.iaat.org/

Dès le commencement de cet ouvrage, concernant le démarrage du projet, il était question du couple homme-projet. Et notamment un point sur votre état de disponibilité familiale et personnelle pour mener à bien la création de cette fameuse entreprise.

Il convient maintenant d'aborder votre capacité à ne pas tout sacrifier au boulot. Réussir son entreprise, c'est formidable, mais aux dépens de soi ou de sa famille, c'est intolérable. Pour cela, aucune recette miracle, pas de statut type ou de règle fiscale imposée. Juste exercer une qualité du chef d'entreprise : le *feeling*.

Notre méthode, un triptyque

Conception des choses : selon que vous êtes célibataire, jeune marié et jeune parent ou proche de la retraite, vous devez concevoir votre modèle de travail (quelles sont mes contraintes, quelles sont mes souplesses ?). Vous travaillez certes beaucoup, mais vous n'avez de compte à rendre à personne en terme d'horaire, juste assurer de la disponibilité à vos collaborateurs.

Perfection : une fois que vous tenez votre organisation, vous l'assumez à 200 %. Une fois à la maison, entouré de vos enfants, vous mettez de côté les dossiers et vous restez très disponible. Si vous donnez moins de temps car vous ne rentrez pas à 17 heures, donnez de la qualité.

Obsession : l'important, c'est que votre modèle fonctionne, même si vous n'êtes pas immédiatement parfait. Alors faites de cet équilibre professionnel et personnel une obsession. Les petites angoisses de vos proches sont des clignotants. Dans ce domaine également, le chef d'entreprise est celui qui concilie théorie et pratique. ■

Comme vous écoutez vos clients...

... écoutez aussi votre corps et votre tête

En tant qu'entrepreneur, et plus encore lorsque l'entreprise aura pris de l'importance, votre image sera attachée, que vous le vouliez ou non, à la notion de performance. Le chef d'entreprise est certes enjoint par la loi d'assumer au mieux les responsabilités de ses fonctions, mais il l'est aussi par ses collaborateurs, qui attendent de lui une certaine vision de l'entreprise. Pour endosser ce costume, conserver sa fraîcheur les années passant, vous devrez apprendre à vous occuper de vous-même et, à l'instar du talent d'écoute dont vous faites preuves avec vos clients, écouter votre tête et votre corps.

Pour conserver toute la performance nécessaire à l'exercice de vos fonctions, voici quelques conseils puisés dans nos expériences personnelles et celles de nos amis entrepreneurs.

À chaque décennie ses petits soucis...
Après 35 ans, prenez l'habitude de faire le point avec votre médecin traitant et votre dentiste une fois l'an, avant que ne surviennent les problèmes. Ne dit-on pas « diriger, c'est prévoir » ?

J'ÉCOUTE MON CORPS ET MA TÊTE

Vous avez noté que le modèle d'organisation de notre système médical consiste à soutenir financièrement celui qui est déjà tombé malade. Les remboursements arrivent après que votre médecin a notifié un traitement pour une pathologie identifiée. Mais vous a-t-on jamais proposé d'appréhender la maladie, comme le font les Chinois ? Car un chef d'entreprise ne peut se permettre une absence pour des raisons médicales qu'en cas de force majeure.

Reprenez pour vous quatre règles que vous appliquez déjà à la gestion de votre entreprise :

Appréhender : les grippes, rhumes préviennent avant de se déclencher. Apprenez à les sentir arriver et traitez-vous après en avoir décrit les premiers symptômes à votre pharmacien. Quels sont les indices : un éternuement suspect, une gorge soudain

Repères
À celles et ceux dont le quotidien rime avec déjeuners et dîners au restaurant : toutes les cartes proposent désormais poissons et crudités sans pour autant sombrer dans l'ascétisme. Testez ce que vous ne connaissez pas, modérez votre consommation de vin, de pain, de beurre et de sucre au dessert.

sensible, un sentiment de lourdeur dans la tête, des débuts d'écoulement du nez. Mettez sur pieds votre système de vigilance : appréhendez les grandes périodes d'épidémies, fuyez les contaminés et redoublez de vigilance si vos enfants sont scolarisés. Ah, j'oubliais ! Lavez-vous les mains fréquemment. Enfin, faites des bilans réguliers chez le dentiste, le cardiologue...

Accompagner : deux fois par an, avant le début de l'hiver et à sa fin, faites des cures de vitamines afin d'apporter à votre organisme le surplus d'énergie nécessaire à ces transitions saisonnières.

Gérer le stress : aucun conseil de notre part sur le fait de rester zen. Ce serait inepte, compte tenu de certaines phases tendues que vous rencontrez. En revanche, vous pouvez évacuer le stress par certaines techniques simples : pratiquez la respiration abdominale en tirant le diaphragme vers le bas pour gonfler le ventre. Cela vous fait rire de lire ces lignes, mais vous reconnaîtrez l'efficacité de la technique. Osez la sieste éclair, comme l'imposent les entreprises japonaises à leurs salariés. 10-15 minutes, pas plus, c'est un délice. Enfin, pratiquez un sport d'endurance, il vous aidera à vous purifier de certaines scories.

Ajourner : nous l'avons vu dans un autre chapitre, mais il est utile de le répéter. La performance du chef d'entreprise s'acquiert et s'entretient grâce à votre capacité à délaisser vos fonctions. Certains rapportent que les meilleures idées viennent pendant les vacances. Certes, ce n'est pas faux. L'un de nous reconnaît que ses meilleures idées et les plus farfelues également, l'envahissent lors de ses séances de jogging. Aucun miracle là-dedans, tous les médecins savent que l'endurance ouvre la pompe de sécrétion des endorphines connues pour leurs capacités euphorisantes. Quoi de mieux pour la créativité !

Famille, culture, sport, tout est bon pour vous entretenir et conserver votre fraîcheur des premières années. ■

Vivement la retraite... que vous créiez votre entreprise !

C'est possible !

C'est l'allongement de la vie et l'amélioration de sa qualité qui permettent à certaines personnes ayant fait valoir leur droit à la retraite de créer leur entreprise. Un décret approuve cela depuis janvier 2005.

Pour une bonne application du cumul permettant de percevoir sa retraite de base et sa complémentaire avec les revenus d'une création d'entreprise, la règle communément admise par les administrations, que vous ayez été salarié ou non, est celle de la rupture avec votre situation précédant la retraite.

Si vous avez été salarié et que vous optez pour une création d'entreprise relevant du régime des TNS, vous pouvez cumuler vos retraites de base et complémentaire et les revenus de votre activité.

Toutefois, si votre statut de dirigeant relève du statut des salariés (par exemple, gérant minoritaire), vos revenus ne doivent pas excéder le montant de vos derniers salaires pour cumuler revenus de la retraite et de votre activité. La retraite complémentaire sera, quant à elle, diminuée ou suspendue. ■

Repères

En terme de cotisations, quelles sont les charges à prévoir ? Vous êtes redevable du paiement des cotisations aux allocations familiales, au régime général d'assurance santé et, aussi curieux que cela puisse paraître, vous devez acquitter une cotisation d'assurance vieillesse, mais celle-ci ne vous ouvrira aucun droit !

Si vous étiez déjà entrepreneur

Dans le cas où le démon ne vous quitte pas, vos revenus en tant que non salarié ne doivent pas excéder la moitié du plafond de la Sécurité sociale si vous étiez commerçant (15 534 euros) ou ce même plafond si vous étiez en profession libérale (31 068 euros) pour percevoir le régime de base. La retraite complémentaire reste acquise.

Pour en savoir plus, consultez votre caisse de retraite pour faire le point sur vos droits et sur les règles particulières.

Mieux se connaître pour mieux réussir

Chine Lanzmann, coach en communication

Équipes de foot, grands athlètes... tous les sportifs ont des coachs depuis déjà plusieurs années. Le monde de l'entreprise n'est aujourd'hui pas en reste et la pratique se développe de plus en plus. Si le mot « coaching » est aujourd'hui incontournable, il existe autant de définitions que de coachs. En résumé, le coach aide un créateur ou un chef d'entreprise à mieux se connaître.
Il l'accompagne dans sa vie professionnelle et personnelle pour plus d'efficacité, de plaisir et de gain de temps.

D'où vient le coaching ?

Le coaching est issu du milieu sportif américain des années 1950 : to coach en anglais signifie entraîner. Le coach n'est ni un consultant, ni un thérapeute, c'est un accompagnateur qui aide à atteindre ses buts, à développer son potentiel et à augmenter ses performances.
Depuis une quinzaine d'années, le coaching professionnel se développe en France dans le milieu de l'entreprise. D'abord auprès des dirigeants de grands groupes et maintenant aussi auprès des créateurs et repreneurs.
Eux aussi ont besoin de mettre toutes les chances de leur côté pour aller plus loin, plus vite !

En quoi le coaching peut-il aider un créateur d'entreprise ?

Avant de créer une société, le coaching aide le porteur de projet à vérifier si c'est le bon moment de lancer son entreprise. En effet, nombreux sont ceux qui remettent à plus tard leur projet car ils ont plus besoin de sécurité que d'aventure et d'indépendance... et je les aide alors à retrouver un travail de salarié.
Une fois leur société lancée, j'apporte du soutien aux entrepreneurs, je leur donne des méthodes simples et efficaces et des conseils pour les aider à avancer, à gérer leur temps et leurs priorités, à résoudre leurs blocages.

Quelle est la particularité du « coaching en communication » ?

Les entrepreneurs qui viennent me voir ont besoin d'améliorer leur

communication, aussi bien en visibilité externe que dans les relations interpersonnelles. Grâce à mon expérience de 20 ans dans les médias, je travaille la communication externe : comment avoir de la visibilité, devenir un expert, se rendre crédible, se faire connaître pour attirer les clients ?
Je débloque aussi la communication interpersonnelle : comment avoir des relations plus fluides, gérer les conflits, manager en gardant ses valeurs, animer ses équipes, recruter sans se tromper...

Quel conseil les entrepreneurs préfèrent-ils ?

C'est le « rendez-vous avec moi-même ». Le principe en est simple : prendre du temps pour réfléchir à son activité une fois par semaine. Je le commence en listant tout ce que j'ai accompli depuis la dernière fois.
Sinon, j'ai tendance à ne voir que ce que je n'ai pas fait et la liste de mes frustrations est longue. Ce « rendez-vous avec moi-même » et la liste de mes accomplissements m'apportent de l'énergie, « boostent » ma confiance et m'aident à être créative.
Ensuite, je passe à mes envies. Depuis que je me forme à la communication non-violente, je n'écris plus de to do list. J'ai remplacé la « liste de choses à faire » par la « liste des choses que je choisis de faire ». Et si je ne le fais pas, et que j'ai choisi de faire autre chose à la place, je ne culpabilise pas.

Quelle fréquence ? Combien ça coûte ?

Une session de coaching dure entre une et trois heures et a lieu une ou deux fois par mois, sur une période de trois à six mois. Le prix pour un particulier varie entre 80 et 150 euros de l'heure, et pour une entreprise entre 250 et 400 euros de l'heure.

Contact :

www.chinelanzmann.com
Société française de coaching : www.sfcoach.org

Gérer votre stress : partager ou assumer ?

Connaître votre stress pour mieux le combattre

Le stress destructeur : le pire

Cette forme de stress s'exprime lorsque la vie économique de l'entreprise est chaotique. Les manifestations cliniques sont fréquentes.
Votre indicateur : surveillez votre sommeil.
Votre réaction : consultez un médecin pour vous aider et sauver l'entreprise.
En cas de doute, testez votre niveau de stress sur le site de l'Institut français d'action sur le stress (www.ifas.net).

Depuis le fameux Stakhanov, dont le travail donna naissance au mot stakhanovisme, nous savons que la tension entraîne la performance. L'entreprise est un lieu où s'exerce une pression. Si elle s'exerce trop fortement, on risque l'éclatement.

En tant que créateur d'entreprise, vous serez soumis à plusieurs facteurs générateurs de stress.

Le stress du nouveau statut

Le rythme en entreprise est réglé par les horaires, les dossiers et les objectifs imposés par la hiérarchie. En tant que patron vous régirez vous-même cela. Les premiers temps, vous serez assailli par des doutes sur vos capacités. Ne soyez pas tenté par l'hyperactivité, source de compensation à un sentiment de frustration mais nullement d'efficacité. À l'inverse, ne vous isolez pas.

Le stress du patron

Pas de panique, on ne naît pas patron, on le devient. Il est même conseillé d'endosser rapidement le costume. Vous devrez assumer de donner des directives, de ne pas rentrer dans une relation de confidence avec vos salariés et de les juger. Si vous avez un peu de mal au début, surtout pas d'autoritarisme, prenez de la hauteur et bannissez la panique.

Le stress des dossiers

Identique à celui que vous connaissiez en entreprise, il peut être minoré ou amplifié par votre nouveau statut. Soit vous serez submergé et tenterez de courir derrière vos impératifs, soit vous adopterez une attitude souple et négociatrice, voire manipulatrice. ■

Quand n'êtes-vous plus compétent ?

... et est-ce grave ?

Dans l'entreprise, vous étiez jusque-là chargé de missions précises dont vous maîtrisiez les contours. Vous faisiez appel aux compétences issues d'autres services si nécessaire.

Désormais, vous officierez seul et exercerez, en tant que chef d'entreprise, une fonction clé et polymorphe : il vous faudra être réactif et vous mettrez en jeu votre crédibilité et votre responsabilité. L'incompétence sera votre lot quotidien, mais dans votre cas, le prisme par lequel vous observerez un problème sera différent. En tant que dirigeant, le propos n'est pas de tout savoir, mais de mettre tout en œuvre pour éclaircir la situation et déterminer les solutions envisageables afin de choisir la meilleure.

Repères
70 % des dirigeants considèrent qu'en cas d'absence prolongée imprévue, il existe quelqu'un dans l'entreprise capable de les remplacer. Dans les petites entreprises du commerce et de l'artisanat, le conjoint se voit confier cette lourde tâche.

QUELLES SOLUTIONS POUR QUELLES LACUNES DE COMPÉTENCES ?

Quand le problème s'identifie facilement

Votre informatique est obsolète, vous constatez un défaut de paiement, un salarié vous attaque devant le conseil des prud'hommes... Une recherche dans l'annuaire vous indiquera des prestataires pouvant dresser un diagnostic et proposer des solutions. Dans ces cas, le prestataire est juge et partie.

Lorsque la problématique est complexe

L'observatoire des PME européennes constate que seuls 18 % des dirigeants font appel au conseil d'un consultant lorsqu'ils ne disposent pas de la source de savoir en interne. C'est alors une question de management et d'acquisition de nouvelles compétences qui se pose.

Repères
46 % des dirigeants prennent les décisions importantes pour l'avenir de l'entreprise avec un conseil extérieur. Ils sont moins nombreux à recourir à ce type de conseil dans les plus grandes PME que dans les petites.

Là aussi, les dirigeants de PME souffrent d'un déficit de formation, puisque, avec 16 % d'entre eux qui se forment, ce taux est le plus faible de toutes les catégories socioprofessionnelles. L'étude « Regard sur les PME du GIE OSEO Services » dresse une liste des cas les plus fréquemment observés :

- **Barrières à la consolidation :** cela concerne le développement de la concurrence, les évolutions technologiques, la ou les défaillances de clients stratégiques, la baisse de compétitivité (coût, qualité et délai).
- **Barrières à la croissance :** il s'agit alors de la saturation du marché, de la concentration de l'offre, de la succession du dirigeant et de la gestion des seuils liés au changement d'organisation et à la mise en place de fonctions stratégiques.

Certaines de ces barrières résultent généralement de l'isolement du dirigeant de la TPE, qui consacre l'essentiel de son temps à la gestion quotidienne.

Comment agir ?

Diriger, c'est certes prévoir, si l'on souhaite trouver une formule élégante, mais c'est avant tout savoir remettre en question sa vision pour bâtir une stratégie. Vous passerez par différents stades : une nécessaire évaluation des nouvelles opportunités, le partage sur vos difficultés avec d'autres dirigeants afin de les cerner.

Enfin, vous pourrez choisir de vous faire accompagner pour accroître les performances de l'entreprise. ■

Lever le nez du guidon

Les dirigeants d'entreprise reconnaissent vivre dans l'urgence et avouent ne pas prendre suffisamment de recul sur leur quotidien. De ce fait, nombre d'entre eux confirment avoir raté des opportunités d'affaire. Ainsi, lorsque s'immisce dans leur quotidien le délicat dossier de la transmission de leur entreprise, la grande majorité se sent désemparée et ne trouve pas de repreneur ou vend mal ce qui a été l'objet de toute leur attention pendant si longtemps. À bon entendeur ! Vous êtes prévenu…

Ne jamais s'isoler

Rencontrer d'autres entrepreneurs

L'entreprise est une expérience collective, soit parce qu'elle implique une équipe, soit parce qu'elle vise une population, une clientèle. Dans tous les cas, la dimension sociale et relationnelle est essentielle. Un entrepreneur isolé sera privé des compétences d'éventuels collaborateurs et ne sera en contact ni avec ses partenaires, ni avec ses clients. Par conséquent, la réussite est créée par toutes les rencontres et synergies de l'entrepreneur avec son équipe ou avec les consommateurs.

Composer une équipe

Il est recommandé à tous les créateurs de faire le point sur ce qu'ils ont à apporter et sur ce dont ils sont capables d'offrir, notamment en termes de compétences.

L'un des principaux défis au moment de la création d'entreprise est de parvenir à trouver des gens qui ont une vraie valeur-ajoutée. Il faut d'une part identifier les tâches en ayant une vision claire des procédures et, d'autre part, trouver les bonnes personnes pour les effectuer.

Savoir entreprendre à plusieurs

La notion de synergie des compétences est tellement importante dans la création d'entreprise que beaucoup de personnes sont tentées d'entreprendre à plusieurs. Dans ce cas, il est fondamental d'éclaircir au plus vite les objectifs et les compétences de chacun. L'association a un véritable intérêt s'il y a un réel partage de compétences.

Que l'on entreprenne seul ou à plusieurs, se préparer à un échec éventuel est une sage précaution. C'est pourquoi il est recommandé de définir les modalités de séparation si ça ne marche pas à travers des clauses de sorties ou en établissant un pacte d'actionnaires.
La confiance est fondamentale lorsque l'aventure de l'entrepreneuriat est vécue à plusieurs.

Conseils

Une fois que les talents sont identifiés, quelques conseils de mangement aident à faire en sorte qu'ils s'épanouissent au sein de l'entreprise. Cela consiste par exemple à leur donner de la liberté et à ne pas essayer de tout contrôler.

Repères
Dans certaines entreprises, le leader est favorisé en termes de capital. Cette formule n'est pas nécessairement la meilleure option à retenir.
www.placedes reseaux.com

Nommer un leader

Quelle que soit la structure de l'entreprise, elle doit avoir un leader : il faut savoir qui aura le dernier mot, qui sera habilité à décider voire à trancher.

Rien ne sert de se disputer pour savoir qui a raison ou tort. Le rôle de leader est aussi là pour prendre des responsabilités. Pour ce faire, un certain arbitrage est parfois requis car certaines décisions peuvent être prises dans l'urgence ou dans le flou. Dans ce cas, on ne sait jamais si c'est la décision retenue est la bonne, mais il faut avoir le courage de se lancer.

Enfin, le leader est aussi la personne capable de mettre des limites à certaines demandes, autrement dit à pouvoir dire « non ».

Se constituer un réseau

L'équipe et les partenaires sont parmi les plus grandes richesses d'une entreprise. Mais, dans un même temps, il est important d'entretenir son réseau. Cela sert premièrement à pour pouvoir solliciter des pairs afin de partager des expériences ou demander des conseils. Deuxièmement, le réseau est un catalyseur de l'activité : cela permet aux entrepreneurs de trouver des clients, des fournisseurs, des ressources beaucoup plus rapidement.

Le réseau professionnel est constitué par des rencontres faites lors des études, lors de la vie professionnelle (clients, fournisseurs, collègues, concurrents, etc.) ou dans la vie privée (amis, familles, voisinage, etc.). C'est ce qu'on appelle le capital social car cela représente un vrai patrimoine pour l'entrepreneur.

Conseil
Il est possible d'entretenir voire de créer son réseau à tout âge, sans avoir besoin de suivre une voie toute tracée.

Équilibrer vie professionnelle et vie personnelle

Paradoxalement, certains entrepreneurs sont tellement passionnés qu'ils ont plus de facilité à gérer leurs projets professionnels que leur vie personnelle.

Le créateur doit en quelques sortes préparer son entourage avant de démarrer mais il ne faut pas perdre de vue que le compagnon peut d'ailleurs devenir un partenaire et prendre part au projet. ■

L'importance d'un réseau

Alain Bosetti, Président du site internet Place des Réseaux et Président du Salon des micro-entreprises

Se lancer dans la création d'entreprise, oui, mais pas isolé du monde ! Le réseau : pour aller plus vite, plus loin, en confrontant ses idées.

Le réseau, c'est important pour un entrepreneur ?

Pour un entrepreneur, le réseau est un accélérateur de business par grand beau temps et un airbag dans la tempête. Votre réseau relationnel est constitué de l'ensemble des personnes que vous connaissez... ou avez connues. Vous pouvez les côtoyer régulièrement ou simplement les avoir rencontrées au moins une fois dans votre vie. Famille, amis, anciens camarades d'écoles, anciens collègues, voisins, parents d'élèves, clients, prospects, fournisseurs, partenaires professionnels ou de loisirs, membres d'associations... La liste s'allonge, et vous qui pensiez ne connaître personne ! En fait, chacun d'entre nous connaît en moyenne 300 personnes.

Avec qui peut-on entrer en contact ?

Potentiellement, avec le monde entier ! En 1967, le sociologue américain Stanley Milgram découvre, grâce à une étude, qu'entre deux personnes prises au hasard, il n'existe pas plus de 6 degrés de séparation. Un réseau social comme Facebook ramènerait aujourd'hui à 4,7 le nombre des relais qui structurent notre « petit monde ».

Bien évidemment, il faut distinguer les « liens forts » (c'est-à-dire les proches sur les plans personnel et professionnel) et les « liens faibles » (contacts occasionnels, perdus de vue).

C'est le plus souvent par les liens faibles que les opportunités se présentent car ils nous donnent accès (ou ils ouvrent des nouveaux horizons) à des « poches de contacts » inhabituels pour nous ou nos liens forts.

Animer un réseau passe par une règle essentielle : donner sans attendre de recevoir.

Comment se lancer ?

Si vous souhaitez développer votre réseau, commencez par recenser tous vos contacts. Vous n'avez pas de « réseau à vous créer » mais simplement des contacts à recenser. Il s'agit ensuite d'animer son réseau. Concrètement, il s'agit de transmettre des informations pertinentes pour vos contacts, mettre en relation des membres de votre réseau, qui selon vous, auraient intérêt à se rencontrer, jouer à l'apporteur d'affaires, partager des conseils ou des bonnes idées... bref, apporter ce que vous attendez de votre réseau.

Il n'existe pas de « bon » ou « mauvais » réseau. Il n'existe que des réseaux adaptés (ou pas) à vos objectifs d'entrepreneur.

La démarche réseau que je recommande est la suivante :

1) Définir précisément vos objectifs d'entrepreneur.

2) Identifier les contacts (liens forts et faibles, connus ou inconnus...) qui peuvent vous aider à atteindre vos objectifs.

3) Chercher les moyens pour entrer en relation avec ces contacts.

Pour cela, les réseaux sociaux constituent à la fois un accélérateur et un outil de la démarche réseau. Il sont Accélérateur, car ils simplifient les mises en relation, l'accès aux autres et les échanges. Il sont aussi Outil, car ils enrichissent la palette de moyens (clubs, événements, cocktails...) pour faire fructifier son réseau et notamment faire rayonner votre savoir faire: video sur youtube, présentation sur slideshare et bien évidemment Viadeo, LinkedIn et Facebook (à la fois pour présenter votre activité – via votre profil – et pour entrer en relation).

Pour réseauter, il faut savoir oser ?

Réseauter suppose souvent de se familiariser avec des comportements nouveaux et des bonnes pratiques. Pour cela, nous avons tous sans exception le même travail sur soi à effectuer, à savoir sortir de notre zone de confort... Prendre son téléphone pour demander une mise en relation... Se mettre en avant ou aborder des inconnus dans une soirée de networking... Chacun sait que c'est indispensable quand on est entrepreneur et pourtant, on hésite, on diffère...

Alors, comment faire ? Comme un sportif qui prépare les Jeux Olympiques : en s'entraînant tous les jours par des sorties de zone de confort sans enjeu puis à enjeu croissant.

Penser également au résultat. Décrocher un nouveau client grâce à son réseau demande beaucoup moins d'efforts et de temps que d'avoir à prospecter « dans le dur ». Et procure beaucoup plus de plaisir ! Car si vous mettez en œuvre une réelle démarche réseau, organisée, structurée, vous renouerez le contact avec des personnes que vous serez ravi de revoir. Vous ferez également de merveilleuses rencontres professionnelles et humaines.

Contact :

www.placedesréseaux.fr et www.salonmicroentreprises.com

Penser à se formor...

... et à voir le monde qui bouge

Toutes les entreprises sont tenues de participer au financement de la formation continue de leurs salariés. La contribution, versée à un organisme public collecteur agréé (OPCA), varie selon la taille de l'entreprise, sa forme juridique, son secteur d'activité et la convention collective dont elle relève.
Toutefois, peu d'entreprises de moins de 10 salariés complètent les connaissances de leurs salariés et moins de chefs d'entreprise encore pensent à se former alors que les coûts sont pris en charge.

Repères
Pour en savoir plus, contactez votre chambre de commerce ou de métier, ainsi que le FAFIEC (www.fafiec.fr) et le FIF-PL (www.fifpl.fr).

COMMENT FAIRE ?

Demandez à votre comptable ou à votre centre de gestion agréé le nom de l'OPCA à qui vous versez votre dû. Contactez-le, puis trouvez le formateur adéquat. L'offre ne manque pas. Sa facture pourra être réglée directement par l'OPCA. ■

S'y retrouver...

Dans cette jungle de la formation, les intermédiaires sont nombreux. Aussi, allez directement à la source. Par exemple, le FAFIEC est l'OPCA pour la formation des salariés des entreprises de conseil de moins de 10 salariés.
Pour ces mêmes entreprises, le dirigeant, s'il relève du régime des travailleurs non salariés (par exemple s'il est gérant majoritaire), fera appel pour sa formation au FIF-PL. Le secteur de l'artisanat, quant à lui, dispose de trois OPCA nationaux (alimentation, bâtiment et services). La revue professionnelle à laquelle vous êtes abonné est déductible de vos obligations de versement au titre de la formation.

L'école du Business Development

Anne Stéfanini, Directeur de Novancia Business School Paris.

Novancia est née de la fusion d'Advancia et Négocia, respectivement dédiées à l'entrepreneuriat et au commerce. Grande école de la Chambre de commerce et d'industrie de Paris, elle enseigne l'art du business, de sa création à son développement.

À qui s'adresse Novancia ?

Elle s'adresse aux jeunes et aux adultes désireux d'apprendre ou de se perfectionner en business development, c'est-à-dire d'acquérir des compétences entrepreneuriales et commerciales. Pour devenir entrepreneur, la personnalité et la motivation ne suffisent pas, c'est un métier qui s'apprend ! 97 % des entrepreneurs et 88 % des jeunes se destinant à cette carrière le reconnaissent (enquête Novancia 2011). Tous soulignent également l'importance de l'expérience et de l'expérimentation. C'est donc ce que propose Novancia, à travers ses programmes : des apprentissages théoriques permettant de maitriser les fondamentaux indispensables, mais également de nombreuses mises en situation reflet de la réalité quotidienne de l'entrepreneur.

Que l'on vienne du monde du management, de la sociologie, de l'anthropologie, de la philosophie ou des sciences, on peut apprendre à entreprendre. L'école doit faire la démonstration que venant de tout pays, de tout horizon disciplinaire, on peut créer, reprendre, entreprendre.

En formation initiale, le programme Grande école, accessible pour partie en apprentissage, accueille des étudiants venus d'horizons variés. Novancia propose également un large choix de formations pour les cadres dirigeants, mais également un incubateur et des programmes spécifiques pour les entrepreneurs, allant de la création au développement des entreprises.

Novancia en quelques chiffres, c'est quoi ?

L'école est implantée à Paris sur deux sites : Montparnasse pour la formation initiale et Champerret pour la formation continue. Elle accueille environ 2 000 étudiants chaque année et 7 000 stagiaires en formation continue. Elle s'appuie sur l'expertise de 90 enseignants permanents (dont une quarantaine d'enseignants-chercheurs) et 400 intervenants extérieurs. Novancia a par ailleurs noué des partenariats avec près de 80 universités dans le monde, car le développement du business passe aussi par l'international, qui est une dimension fondamentale dans nos formations.

Il convient de travailler à l'émergence d'établissements d'enseignement et de recherche dédiés à la préparation des entrepreneurs, que ceux-ci soient des jeunes en formation initiale ou des adultes déjà en activité. Différentes initiatives en ce sens ont été récemment prises, relayant et amplifiant des initiatives plus anciennes.

De nombreux professionnels viennent partager leurs expériences avec les étudiants ?

Les professionnels, spécialistes dans leur domaine, sont très présents dans nos enseignements. Pas uniquement pour témoigner ou faire des cours ! Des entreprises viennent par exemple régulièrement présenter certaines de leurs problématiques réelles (de développement à l'international ou de marketing stratégique par exemple) sur lesquelles les étudiants doivent plancher. C'est d'ailleurs un jury de professionnels de l'entreprise concernée qui juge ensuite leurs propositions. Nos aspirants entrepreneurs sont ainsi régulièrement challengés et confrontés à la réalité de la vie de l'entreprise.

Novancia s'appuie notamment sur son réseau d'anciens. Devenus entrepreneurs, ils viennent témoigner de leur expérience. L'école invite également régulièrement des grandes figures de l'entrepreneuriat qui présentent leurs réussites et leurs difficultés.

Quels sont les critères pour intégrer cette école ?

Les candidats ne sont pas tant jugés sur des critères académiques que sur leur motivation à devenir des développeurs de business. Novancia s'attache particulièrement aux qualités d'ouverture et de dynamisme. Nous évaluons leur potentiel, leur motivation et l'adéquation de leur projet professionnel aux cursus proposés par l'école. Nous accueillons des étudiants aux profils très variés, ce qui constitue une vraie richesse à laquelle nous tenons beaucoup. Ayant des parcours différents, ils peuvent ainsi confronter leur vision et leurs idées. A nous de développer leur flamme entrepreneuriale !

Contact :

www.novancia.fr

Annexes

Des idées d'ailleurs qui marchent
par Laurent Edel

Service de poule pondeuse

La livraison à domicile d'une poule élevée au grain biologique et de son poulailler design en plastique rose, orange ou vert. L'idée est née en 2003 en Angleterre. Depuis, la société Omlet a séduit des milliers de consommateurs inconditionnels de l'œuf coque au petit-déjeuner. La cible est constituée de familles et de célibataires disposant d'un jardin, d'une cour ou d'un simple balcon.

Petite révolution, Eglu, c'est le nom du poulailler, ressemble au dernier eMac d'Apple. L'objet est décoratif. Et surtout pratique. Tout en plastique, facile à entretenir. La litière amovible se nettoie aussi facilement que celle d'un chat. Le slogan d'Omlet n'est-il pas « Avec nous, élever une poule, est aussi facile que de s'occuper d'un poisson rouge » ?

Le poulailler est accompagné d'ustensiles assortis : un parasol, du grillage, une gamelle, dix boîtes d'œufs vides, le guide du parfait éleveur de poules et vingt-cinq kilos de grains biologiques. Deux poules, vaccinées, sont comprises dans le prix : 560 euros.

Le kit complet est livré à domicile. Le livreur peut former les novices à l'art de prendre soin des volailles.

Importer les poulaillers d'Omlet en France est le plus simple. Ensuite, il s'agit de construire le service de livraison et de formation. Difficile de se lancer sur ce créneau en période de grippe aviaire ? Pas si sûr. L'argument serait que produire des œufs chez soi garantit l'origine du produit ! Sur le même principe, Omlet vient de sortir son kit pour lapin domestique !

➡ www.omlet.co.uk

Fast food de céréales

Voici un nouveau concept de restauration rapide à lancer en France. Né aux États-Unis, Cereality propose « toutes les céréales, sous toutes leurs formes, toute la journée ».

Avec trente-trois variétés, le menu tient sa promesse. Elles sont servies froides, chaudes, liquides, en barres ou à emporter. Un bar à lait gratuit propose du lait de soja. En complément, trente-quatre accompagnements différents sont proposés : fruits secs, pépites de chocolat, Marshmallow, etc. Pour entretenir l'effet cocooning, les serveurs sont habillés en pyjama.

La cible principale est étudiante. La communication leur est adaptée. La première publicité de Cereality était : « 95 % des Américains aiment les céréales. 57 % aiment le sexe. Nous avons les céréales ! » Le tarif est également à la portée des jeunes : quatre euros le repas de deux bols. C'est tout de même deux fois le prix d'une boîte de céréales en supermarché ! Les quatre premiers établissements sont naturellement situés dans des quartiers étudiants.

Il y a une opportunité en France. La logistique est simplissime. Il n'y a ni préparation, ni cuisine. Tout arrive en cartons ! Cereality a fait le choix de proposer des grandes marques de céréales (Quaker est d'ailleurs actionnaire). La jeune société prévoit de se développer à l'international et offre des franchises.

Autre option pour notre pays, adapter leur concept. Certains consommateurs, surtout ceux qui surveillent leur ligne seront sensibles à une offre de céréales biologiques, avec moins de sucre et sans additifs.

Autre idée encore, faire redécouvrir des céréales traditionnelles comme le quinoa, le kamut et le millet.

➡ www.cereality.com

Cuisines communes

En 2002, à Seattle, aux États-Unis, deux amies lancent leur entreprise, Dream Dinners (repas de rêve). Il s'agit de préparer les repas à l'avance dans des cuisines communes. Testé lors d'une soirée privée, le concept fait recette. En deux ans seulement, le chiffre d'affaires passe de 2,5 millions à 5 millions d'euros et plus de cent douze cuisines communes ont ouvert sous forme de franchise.

Gain de temps, convivialité et économies. Dream Dinners réunit tout ce que les femmes recherchent aujourd'hui. Principale raison du succès, lorsque les clientes débarquent, les courses sont faites, les légumes, épluchés et découpés. Les menus de la semaine, décidés à l'avance : picata de poulet, cake au gingembre, etc. Cerise sur le gâteau, pas besoin de faire la vaisselle. Des assistants s'en chargent ! Grâce à cette méthode, deux heures suffisent à préparer douze dîners.

Autre raison du succès, l'esprit convivial. La cuisine commune permet de retrouver ses amies et de s'en faire de nouvelles. La cuisine se fait un verre de vin à la main, avec de la musique et des snacks. Enfin, la formule est plus économique que les courses faites soi-même. Le forfait de douze dîners pour cinq personnes coûte 200 euros ! Les premières clientes sont des mères de famille actives, des célibataires et des retraitées. Et même des hommes.

Les cuisines communes doivent absolument être lancées en France. Comme les Américaines, les Françaises recherchent des solutions pour leur simplifier la vie. À condition d'adapter le menu aux meilleures cuisinières du monde.

➡ www.dreamdinners.com

Dépôt-vente pour eBay

« C'est en apparence l'idée de *business* la plus simple au monde, mais dans la réalité l'une des plus difficiles à mener » s'amuse Christian Braun, le dirigeant d'Auctioning4u, l'un des premiers services de dépôt-vente pour eBay en Angleterre.

Sa société, démarrée dans son appartement, contrôle aujourd'hui quatre boutiques. Les vendeurs y déposent leur bien : téléphone portable, tapis, voiturette de collection, etc. On vend plus de 2 000 catégories d'objets sur eBay. Le service d'Auctioning4u consiste à : expertiser l'objet – tester son fonctionnement, en prendre une photo professionnelle, en faire une description précise –, gérer l'enchère sur le site d'eBay, expédier le produit à l'acheteur, et, enfin, rémunérer le vendeur. Au passage, Auctioning4u conserve une commission de 33 % TTC.

Pour le vendeur, c'est aussi simple qu'un dépôt-vente traditionnel. Il dépose son produit et attend d'être payé. Avantages, il gagne du temps, et son objet se vend au meilleur prix grâce au système d'enchères d'eBay qui réunit les acheteurs potentiels du monde entier.

La vitesse de propagation de cette idée est phénoménale. En moins de deux ans, elle a inspiré 6 000 entrepreneurs aux États-Unis, 350 en Angleterre, une centaine en Allemagne, en Australie et au Canada. Les premières initiatives françaises démarrent (easydeal.fr à Anthony), mais il y a de la place dans toutes les régions. Comme Christian, on peut démarrer de chez soi avec un ordinateur connecté à internet, puis louer une boutique.

➡ www.auctioning4u.co.uk

Rencontres pour seniors

Rencontrer l'amour après 50 ans répond à une logique particulière. Les relations s'envisagent sur du long terme. Les loisirs tournent autour du golf, voyage, danse, etc. Construire un site de rencontres spécifique fait sens. Le succès du pionnier américain en confirme l'intérêt. SeniorFriendFinder recense 600 000 membres dont sept cents Français. C'est dire si le besoin existe !

➡ www.seniorsmatch.com

Matériel de construction recyclé

Une sorte d'Emmaus qui récupère et revend portes, lavabos, parquet, luminaires, planches de contreplaqué.

➡ www.bignyc.org

Toutes ces pistes de création d'entreprises et beaucoup d'autres se trouvent dans *Gagner sa vie en se faisant plaisir. 200 nouvelles idées de business pour devenir entrepreneur de sa vie*, de Laurent Edel et Chine Lanzmann (Paris, Lattès, 2006) et sur le site des Ateliers pour explorer son idée d'entreprise (www.goodfutur.com).

Les sites internet incontournables

Sites généralistes

Agence pour la création d'entreprises

C'est le site de référence. Complet, à jour, clair, gratuit, il se donne pour mission de vous informer de manière exhaustive, d'orienter vos démarches vers les réseaux d'appui et d'aide au financement et de faciliter la concrétisation de votre projet. Il vous concède gratuitement de l'espace sécurisé pour construire votre projet en ligne. Consultez les centaines de sites indiqués dans sa liste de liens. Possibilité de s'abonner à des newsletters.

➡ www.apce.com

OSEO

Un site internet unique issu du rapprochement de ceux de la BDPME et de l'Anvar. Il informe principalement sur la création, le financement, l'innovation et la transmission d'une entreprise. Il est également destiné à répondre aux attentes des partenaires de l'entrepreneur, c'est-à-dire les banques, les investisseurs en capital-risque, les collectivités territoriales et les réseaux d'accompagnement ou encore les fédérations professionnelles. Il est possible de s'abonner à une newsletter gratuite.

➡ www.oseo.fr

Le ministère des PME

Son site comporte une partie sur la création, la reprise et la transmission d'entreprise, avec la présentation des différentes lois sur la création d'entreprise, ainsi que le mini-site « Libérez votre esprit d'entreprise ».

➡ www.pme.gouv.fr

Les sites des réseaux d'accompagnement

Adie

L'Adie aide les personnes exclues du marché du travail et du système bancaire classique à créer leur propre emploi.

➡ www.adie.org

BGE

Ce site présente le réseau généraliste d'accompagnement, son actualité, ses implantations, les différentes formations proposées aux porteurs de projets et les financements pour chaque localité.

➡ www.bge.asso.fr

CCI-Entreprendre en France

Chaque site des CCI est accessible sur le portail ➡ www.cci.fr. Les chambres ont un site dédié à la création ➡ www.entreprendre-en-france.fr. À cela s'ajoute le site des CFE consacré aux formalités administratives, qui permet de constituer un dossier pour immatriculer, modifier ou radier une entreprise et effectuer les différentes formalités en ligne ➡ www.cfenet.cci.fr.

Les chambres de métiers et de l'artisanat

Une partie du site est consacrée à la création et reprise d'entreprise artisanales, avec notamment une bourse nationale d'opportunités de reprises.

➡ www.apcm.com

France Initiative

Ce mouvement, principal opérateur de microcrédit propose, une carte de France de ses implantations et les différents services proposés aux porteurs de projet.

➡ www.fir.asso.fr

Réseau Entreprendre

Le réseau spécialisé sur les PME à fort potentiel de développement présente son périmètre d'intervention. Possibilité de télécharger un dossier de candidature pour bénéficier d'un accompagnement.

➡ www.reseau-entreprendre.org

Association Entente des générations pour l'emploi et l'entreprise

Des cadres retraités qui mettent bénévolement leur compétence et leur expérience au service des entreprises, des associations et des organismes lors de leur création, de leur développement ou de difficultés passagères dans le but de sauvegarder ou développer l'emploi.

➡ www.egee.asso.fr

Sites des conseils aux créateurs

Les experts-comptables

Le Conseil supérieur de l'Ordre des experts-comptables a ouvert un site entièrement consacré à la création d'entreprises.

➡ www.entreprisecreation.com

Les avocats

Le site du Conseil national des barreaux donne accès aux informations juridiques (rôle de l'avocat, obligations, comment le choisir, actualités juridiques...) et à une sélection de liens hypertextes.

➡ www.cnb.avocat.fr

Sites utiles pour le dirigeant

Afnic

L'Association française pour le nommage internet en coopération est responsable de l'attribution des noms de domaine internet en « .fr ». On trouve sur ce site toutes les informations sur les formalités et le coût d'une demande de nom de domaine en France.

➡ www.afnic.fr

Inpi

Sur le site de l'Institut national de la propriété industrielle, on trouve les informations concernant le droit de la propriété industrielle (brevets, marques, dessins et modèles, enveloppes Soleau), des fiches techniques, les adresses et services de l'Inpi.

➡ www.inpi.fr

Tpe-Pme

Ce site propose des informations utiles aux entrepreneurs en matière juridique, sociale et fiscale. C'est aussi un site d'information économique, un service professionnel de reprise d'entreprise et de veille des marchés publics.

➡ www.tpe-pme.com

Place des Réseaux

Plateforme d'information et de rencontre inspirée par le Salon des Micro-Entreprises, avec une partie sur l'actualité des Réseaux et toute l'information utile pour créer son propre réseau et rompre l'isolement de l'entrepreneur : annuaire de réseaux, agenda des manifestations, bibliographie, etc.

➡ www.placedesreseaux.com

Les sies de magazines et sites spécialisés sur la création et reprise/transmission

L'Entreprise

Le site du magazine du même nom. Remis à jour, il propose des newsletter gratuites. Il met en ligne toute l'information utile à l'entrepreneur traité avec la patte du journaliste et s'attarde sur des expériences humaines utiles dans cette période de démarrage.

➡ www.lentreprise.com

Repreneur

Le site de cette revue consacrée à la reprise/transmission permet notamment de s'abonner à une newsletter hebdomadaire consacrée à l'actualité de ce sujet (dispositifs, acteurs, etc.). Il comporte également une partie dédiée à la documentation juridique.

➡ www.repreneur.net

Franchise-net

Site d'informations sur les franchises, avec tout ce qu'il faut savoir sur la franchise, l'actualité des enseignes, un espace « opportunités et emplois » pour les enseignes en recherche de collaborateurs ou de partenaires… Possibilité de s'abonner à une newsletter.

➡ www.franchise-net.fr

➡ Fédération de la franchise : www.franchise-fff.com

Site du magazine Entrepreneur

Rédigé en anglais, il comporte une mine d'informations pratiques pour les porteurs de projet : conseils pour trouver une idée d'entreprise, check-list des choses à ne pas oublier pour démarrer, liste et classement des franchises, moteur pour calculer les fonds nécessaires pour se lancer, comment promouvoir son entreprise et des témoignages d'entrepreneurs, etc.

➡ www.entrepreneur.com

Les blogs

Profession Créer

Profession Créer est un blog lancé par un groupe de journalistes et de professionnels proches des réseaux de la création d'entreprise.

➡ profcre.viabloga.com

Le plus « blog »

Un blog collaboratif dédié à l'entreprise, qui rassemble des témoignages de créateurs d'entreprise blogueurs.

➡ www.enviedentreprendre.com

Le blog management de la « mère Michel »

Une bouffée d'air frais en fin de journée. Le blog d'une des journalistes les plus chevronnées sur la création d'entreprise, rédactrice en chef adjointe du magazine *L'Entreprise*. Si vous souhaitez pester, réfléchir, soumettre sur un sujet de société et de management c'est un blog insolent à disséquer et à enrichir.

➡ blogs.lexpress.fr/management/

Les manifestations autour de la création d'entreprise

Pour peaufiner leur projet et le confronter à l'avis d'experts en création et reprise d'entreprise, les porteurs de projet peuvent se rendre dans de nombreuses manifestations nationales ou locales. Voici quelques exemples :

À Paris

Janvier

Le Salon des Entrepreneurs se tient à la fin du mois de janvier au Palais des Congrès, porte Maillot, à Paris. Ce salon de référence réunit tous les acteurs amenés à intervenir au cours du processus de création : experts, réseaux d'accompagnement, collectivités, banques... et propose notamment des espaces de consultations individuelles, ainsi que de nombreuses conférences et ateliers déclinés en régions.

➡ www.salondesentrepreneurs.com

Lancement en janvier 2008 du premier *Guide du Routard* de la création d'entreprise, sous la forme d'un carnet d'adresses exhaustif de tous les réseaux et dispositifs d'accompagnement à la création-reprise d'entreprise.

Mars

Franchise Expo se monte chaque année à Paris Expo, porte de Versailles. Ce salon s'adresse aux candidats à la franchise.

➡ www.franchiseparis.com

Juin

Déclic Création, qui a lieu lors de la manifestation de la CGPME Planète PME, est un salon dédié aux porteurs de projets. Des spécialistes de chacune des étapes de la création répondent aux questions dans le cadre d'entretiens individuels et de séances de coaching.

➡ www.planetepme.org

Octobre

Le Salon des Micro-Entreprises se déroule au mois d'octobre au Palais des Congrès Porte Maillot à Paris. Il s'adresse aux porteurs de projet, chefs de petites entreprises et indépendants. Des *speed business meetings* mettent en relation participants et exposants.

➡ www.salonmicroentreprises.com

Partout en France

La Caravane des Entrepreneurs

Elle sillonne la France et propose, à chacune de ses étapes, des formations et conseils aux repreneurs d'entreprises, cédants et créateurs par des professionnels.

➡ www.caravanedesentrepreneurs.com

Lille

Le salon Créer à vu le jour en septembre 2007. Il se présente comme le premier salon européen de la création et reprise d'entreprise.

➡ www.saloncreer.com

Lyon et Nantes

Le Salon des entrepreneurs est la plus importante manifestation dédiée à la création et la reprise d'entreprise en Rhône-Alpes et dans le Grand Ouest.

➡ http://nantes.salondesentrepreneurs.com/

➡ http://lyon.salondesentrepreneurs.com/

Bordeaux

Le Salon de l'Entreprise en Aquitaine a lieu chaque année en juin au Parc des Expositions. Il réunit, les partenaires du futur créateur (banques, collectivités, réseaux d'accompagnement...) et propose des consultations individuelles.

➡ www.salon-entreprise.com

Marseille

Génération Entreprendre, forum consacré à la création et reprise d'entreprise. Il accueille exposants et experts en création. Il se tient sur deux journées en mars/avril à Marseille et Nice (une journée dans chaque ville).

➡ www.generation-entreprendre.com

Rennes

Les journées régionales de la Création et Reprise d'Entreprise ont lieu en octobre au Parc Expo Rennes sur les thèmes de la création, la reprise, la transmission, la franchise, le développement et l'innovation.

➡ www.jrce.org

Montpellier

Le Forum de la création et de la transmission d'entreprise organisé au Corum à Montpellier, se déroule sur deux jours, en décembre.

➡ www.createur-entreprise.com

Troyes

Les journées PLUG and START sont organisées deux fois par an sur le site de la Technopole de l'Aube en Champagne pour les créateurs d'entreprises technologiques et/ou scientifiques à caractère innovant. Cette manifestation leur permet de nouer des liens avec des chefs d'entreprises et des personnalités du monde économique local, de bénéficier d'un suivi personnalisé et de trouver des investisseurs.

➡ www.plugandstart.com

Au niveau local

Pensez à vous renseigner auprès des Chambres de commerce et d'industrie, Chambres des métiers, pépinières et incubateurs qui peuvent également organiser régulièrement des réunions d'information.

À ne pas négliger : les concours

Autre source pour financer votre projet : les concours. Outre un gain financier, ils font souvent l'objet d'une communication faite par leurs organisateurs qui vous permettra de gagner en visibilité si vous êtes lauréat. Les concours se classent par profil de projets récompensés.

LA NATURE DU PROJET

Le concours national de la création d'entreprises agroalimentaires innovantes

Organisé par Agropole pour les créateurs et dirigeants d'entreprises agroalimentaires. Prix : 600 000 euros répartis aux trois lauréats (deux de la catégorie création d'entreprise, et un dans la catégorie développement pour les entreprises de moins de 3 ans).

➡ www.agropole.com

Tremplin Entreprise, organisé par la présidence du Sénat

Il est destiné aux projets innovants (à composante technologique ou non), quel que soit l'avancement de ceux-ci. Cinq prix de 15 000 euros chacun : matériaux, composants et systèmes ; logiciels ; sciences de la vie, services aux entreprises et prix spécial « Jacques et Françoise Douce » (entreprises dans le secteur de la communication).

➡ www.tremplinentreprises.com

Le Challenge du commerce et des services, organisé par l'ACFCI

Pour les créateurs ou repreneurs d'entreprises de ces secteurs depuis plus de 2 ans et moins de 5 ans. Huit lauréats se voient décerner un Mercure d'Or ou un Panonceau d'Or.

➡ www.acfci.cci.fr/commerce/challenge.htm

Le prix de la jeune entreprise high tech

Organisé par le magazine 01 Informatique, avec OSEO et Start West, à une jeune entreprise de ce secteur, dont l'activité consiste soit à inventer de nouvelles technologies de l'information, matérielles ou logicielles, soit à concevoir des services innovants les utilisant. Le lauréat remporte une campagne publicitaire et un article dans ce support.

➡ www.01blog.fr

Top Création

Organisé par Reed Exposition France pour les entreprises innovantes créées dans le secteur touristique. Prix : le lauréat bénéficie d'un accompagnement par des professionnels du tourisme pour 12 mois.

➡ www.topresa.com

Talents

Organisé par BGE, il récompense, au niveau national, de dix à quinze lauréats chaque année dans 4 catégories sectorielles – artisanat et commerce, économie sociale, services, innovation technique et technologique –, et deux catégories territoriales – dynamique rurale et talent franco-québécois –, et décerne également un prix spécial Développement. La récompense varie de 4 000 à 8 000 euros pour chacun des lauréats.

➡ www.concours-talents.com

Le concours national d'aide à la création d'entreprises de technologies innovantes

Organisé par le ministère de la Recherche. Les particularités de ce concours sont le nombre important de lauréats qui obtiennent une dotation pouvant aller jusqu'à 450 000 euros chacun.

➡ www.recherche.gouv.fr

Le concours jeunes entrepreneurs en boulangerie-pâtisserie

Il est organisé par les Grands Moulins de Paris et l'École de Boulangerie et Pâtisserie de Paris pour les jeunes âgés d'au moins 18 ans, titulaires du CAP ou exerçant dans ces domaines depuis plus de 3 ans qui souhaitent s'installer à leur compte pour la première fois. Outre la présentation de leurs projets, les candidats doivent se soumettre à deux épreuves pratiques afin de vérifier leur aptitude technique et la qualité de leurs produits. Cinq prix allant de 5 000 à 20 000 euros.

➡ www.grandsmoulinsdeparis.com

Selon le profil du créateur

Défi Jeunes

Organisé par l'Institut national de la jeunesse et de l'Éducation populaire, il est destiné aux porteurs de projet âgés de 18 à 30 ans. C'est une bourse dont le montant est variable (de 1 600 à 8 500 euros, abondés par des parrains financiers que le créateur doit trouver).

➡ www.enviedagir.fr

Les Lauriers de la création d'activité

Organisés par l'AGEFIPH, ils récompensent cinq personnes handicapées dans trois catégories : artisanat et commerce, services et art, culture, loisirs et communication. Un laurier d'or et un laurier de bronze (encouragements) sont décernés dans chaque catégorie. Prix : 1 500 euros.

➡ www.agefiph.asso.fr

Il existe également des concours destinés aux étudiants pour leur permettre de tester leur capacité à créer.

Challenge projets d'entreprendre

Organisé par l'Institut national des télécommunications, il permet à des équipes constituées d'étudiants et de managers de sensibiliser les jeunes à la création. Ils disposent d'une semaine pour monter leur projet de création d'entreprise qu'ils défendent devant un jury de professionnel. Prix : 1 500 euros.

➡ www.int-evry.fr/entrepreneuriat/challenge

Le concours Petit Poucet

Organisé par l'association du même nom, il s'adresse aux étudiants créateurs d'entreprise. Cinq prix sont décernés, allant de 1 500 euros et deux mois de conseils jusqu'à 3 500 et trois mois de conseils.

➡ www.petitpoucet.fr

Certains concours cumulent ces deux critères :

CRE'ACC

Organisé par l'Ordre des experts-comptables et l'Agence pour la création d'entreprises au niveau régional et national, il comporte six catégories. Il s'adresse aux porteurs de projet dans la phase précédant l'immatriculation et aux entreprises immatriculées depuis moins de 6 mois. Au niveau national, les lauréats bénéficient d'un accompagnement par des professionnels de la création (sous forme de chèques-conseil).

➡ www.creacc.com

Selon le lieu où est implantée l'entreprise

Talents des Cités

Organisé par BGE pour les porteurs de projet ou créateurs d'entreprise de moins de 3 ans des zones de redynamisation urbaine (ZRU), ce concours comporte un échelon régional et un échelon national (les lauréats de ces derniers remportant un prix de 5 000 euros).

➡ www.talentsdescites.com

Entreprendre

Organisé par l'Association Entreprendre Villes et Quartiers, il récompense sept porteurs de projet ou créateurs en zone franche urbaine (ZFU). La dotation est de 5 000 euros pour chacun.

➡ wwweveq.org

À cela s'ajoutent de nombreux prix organisés en région, notamment par les universités pour leurs étudiants ou par les institutions. À titre d'exemples :

- La plateforme d'initiative locale Carrefour Entreprise Sarthe organise chaque année le concours Cap Création Sarthe, doté de 45 000 euros, émanant du conseil général.

➡ www.cap-creation-sarthe.com

- L'association ACTE (Aide à la création d'entreprise Total Edhec) organise un concours pour les jeunes entrepreneurs qui souhaitent s'implanter dans le Nord-Pas-de-Calais.

➡ associations.edhec.com

D'une manière générale, pensez à vous adresser aux incubateurs, universités ou écoles, conseils généraux, chambres de commerce et d'industrie, fondations qui peuvent organiser leur propre concours.

Quizz : est-ce que Bill Gates sommeille en moi ?

par Robert Papin

Ce test de 20 questions a été construit par un des plus grands spécialistes de la création d'entreprise, Robert Papin, consultant et fondateur d'HEC Entrepreneur.
Choisissez la réponse correspondant à votre caractère, puis calculez le total de vos points et enfin découvrez votre profil entrepreneurial.

1. Le dépassement de soi et le goût de la compétition :
o Qui ose gagne, telle est ma devise. (1 point)
o S'il le faut, je fonce. Mais si tout a bien marché jusqu'ici, pourquoi me compliquerais-je la vie ? (2 points)
o On ne vit qu'une fois alors, pour moi, la compétition, c'est bon pour les autres. (3 points)

2. Le désir de s'affirmer, de laisser sa marque
o Mon rêve : laisser mon nom à un très grand projet. (1 point)
o Ce qui m'embêterait serait de ne pas être considéré comme un personnage important. Mais cela m'embêterait aussi de faire trop de sacrifices pour atteindre cet objectif. (2 points)
o Ce sont les pionniers qui se font tuer par les Indiens. Avoir une statue à mon nom mais à titre posthume ne m'intéresse pas. (3 points)

3. Le goût du pouvoir
o En toutes circonstances, je veux être le patron et, si j'étais sous les ordres d'un autre patron, j'aimerais lui chiper sa place. (1 point)
o Je laisse les autres prendre des initiatives, mais je fais en sorte qu'elles n'empiètent pas sur mon territoire. (2 points)
o Prendre des responsabilités, c'est prendre des risques. Mieux vaut les faire prendre par les autres. (3 points)

4. L'indépendance et le désir de maîtriser son propre avenir
o Je veux être libre de guider ma vie comme je l'entends. Travailler pour un patron ? Très peu pour moi. (1 point)
o Tous les Français rêvent de devenir leur propre patron. (2 points)

* www.robertpapin.com

o Pour être indépendant, je sauvegarde ma vie familiale et mes loisirs. Les malades du boulot ne font pas de vieux os. (3 points)

5. Percevoir ce qui vous rendrait pleinement heureux dans la vie

o Je sais parfaitement ce qui me rendrait heureux dans la vie mais cela ne vous regarde pas. (1 point)

o Je sens qu'il faudrait réfléchir à mes buts dans la vie mais c'est pour moi un exercice difficile et inhabituel. Pourriez-vous m'expliquer comment il faut procéder ? (2 points)

o J'aime bien cet homme politique qui déclarait que ce n'était pas lui qui avait changé d'objectif mais le vent qui avait tourné. (3 points)

6. Conduire votre vie pour atteindre vos objectifs

o Gérer son temps et son énergie signifie ne jamais oublier les buts que l'on s'est fixés. (1 point)

o La vie est un éternel compromis entre des contraintes à court terme qui me sont imposées et mes objectifs à long terme qu'il faut souvent mettre de côté. (2 points)

o C'est pourquoi j'aime bien surfer sur les événements. (3 points)

7. L'esprit d'initiative

o Il est inutile de me dire ce qu'il faut faire, je prends toujours les devants. (1 point)

o Je suis capable de prendre des initiatives si quelqu'un me met sur la bonne voie ou me donne un coup de main. (2 points)

o Je suis un bon exécutant et ne prends des initiatives que si je ne peux pas faire autrement. (3 points)

8. La curiosité

o Je vois le monde dans un grain de sable et l'univers dans une fleur sauvage. Je suis curieux de tout et j'adore l'inconnu. (1 point)

o J'essaie de développer mon sens de l'observation pour m'obliger à sortir de ma tour d'ivoire. (2 points)

o On est si bien chez soi. Alors pourquoi regarder à l'extérieur, ils y sont tous devenus fous. (3 points)

9. La créativité

o Certains disent de moi : « Il a un sixième sens qui lui permet d'anticiper les changements. » J'ai une idée par minute et ça me rend heureux. (1 point)

o Il m'arrive de pressentir les événements mais mon intuition me déçoit parfois. Je préfère donc analyser soigneusement les nouvelles idées, ce qui me conduit à en garder très peu. (2 points)

o Au flair, je préfère l'expérience. Les créatifs sont d'ailleurs des individus impossibles. (3 points)

10. La capacité d'analyse, l'agilité mentale

o Avoir des idées, c'est bien, mais les transformer en projets financièrement rentables, c'est mieux. Dès que j'ai une idée, je la décortique pour savoir si je pourrais en tirer de l'argent. (1 point)

o Analyser une idée, un projet ? Oui, si j'arrive à trouver un moment de tranquillité. (2 points)

o Lorsque je quitte mon bureau, je veux me reposer l'esprit. La radio et la télé sont faites pour ça. (3 points)

11. L'aptitude à s'affranchir des schémas de pensée classiques

o J'aime sortir des sentiers battus, c'est d'ailleurs quand tout va mal qu'il faut créer une entreprise. (1 point)

o Je sens que les obstacles au changement sont en nous-mêmes, mais il n'est pas facile de s'affranchir de notre expérience passée. (2 points)

o Nous avons trop tendance à oublier les leçons que nos aînés nous ont données. (3 points)

12. L'enthousiasme, l'optimisme

o C'est l'enthousiasme qui permet de soulever les montagnes. Pensez aux soldats de l'An II. (1 point)

o L'enthousiasme ? Oui, mais il se transforme facilement en excitation, à moins qu'il ne cache un manque de confiance en soi. Soyons prudents. (2 points)

o Inutile de s'énerver. Rappelez-vous la fable de La Fontaine, Le Lièvre et la Tortue. (3 points)

13. La ténacité

o Si mon projet de création devait échouer, je recommencerais jusqu'à ce que ça marche. (1 point)

o Si je devais échouer, je recommencerais peut-être, à condition de ne plus prendre de risques financiers. (2 points)

o En France, l'échec vous marque à jamais. Si j'échouais, j'essaierais de me faire oublier. (3 points)

14. La résistance aux chocs psychologiques

o Plus on me donne des coups, plus je me renforce. Je suis comme ça ! (1 point)

o Je n'aime pas trop prendre des coups. Je m'arrange pour que ce soit les autres qui les reçoivent. (2 points)

o Je perds une grande partie de mes moyens lorsqu'on m'apporte une mauvaise nouvelle. Mon conjoint me trouve trop émotif et m'a suggéré d'aller voir un psy. (3 points)

15. La capacité à décider rapidement

o Je suis capable de décider très vite sur la base d'informations imparfaites et fragmentaires, quitte à revenir ensuite sur ma décision. Cela me réussit plutôt bien. (1 point)

o Tout dépend des circonstances, mais je préfère recueillir les informations nécessaires et peser le pour et le contre avant de décider. (2 points)

o Qui va lentement va sûrement, je vous ai déjà parlé de la fable du Lièvre et la Tortue. (3 points)

16. La capacité de travail

o Si j'ai une tâche à accomplir, je fais le nécessaire, même si cela me conduit à sacrifier mes vacances et mes loisirs. (1 point)

o Je suis capable de travailler intensément mais pas trop longtemps. (2 points)

o Je tiens à préserver ma vie de famille et mes loisirs. Les 35 heures, c'est fait pour ça. (3 points)

17. L'écoute d'autrui

o J'écoute ceux qui m'entourent. Ainsi, je peux percevoir leurs motivations et éviter de porter sur eux des jugements de valeur prématurés. (1 point)

o J'ai du mal à me maîtriser en face d'une personne dont je ne partage pas le point de vue. (2 points)
o Écouter les autres ? J'ai déjà bien du mal à m'écouter moi-même. (3 points)

18. L'aptitude à communiquer son enthousiasme à autrui
o Mon modèle ? Napoléon. Voyez comment il communiquait son enthousiasme à ses soldats. (1 point)
o Je préfère motiver mes collaborateurs en leur donnant de la considération. (2 points)
o Quand on me dit « Suivez mon panache blanc », je me méfie. (3 points)

19. L'éthique
o Pour moi, l'éthique est synonyme de générosité. Être généreux, c'est respecter ceux qui m'entourent en leur donnant des responsabilités pour qu'ils soient debout. (1 point)
o Si, dans votre secteur d'activité, vous devez donner des enveloppes pour obtenir des marchés, je ferais comme vous pour assurer la survie de mon entreprise. (2 points)
o Ne me parlez pas d'éthique. Ceux qui en parlent le plus sont ceux qui veulent faire oublier un passé sulfureux. (3 points)

20. Tenir ses engagements
o Un patron qui ne respecte pas ses engagements n'est pas digne d'être patron. (1 point)
o Que voulez-vous, aujourd'hui plus personne ne respecte ses engagements. Alors, un petit coup de canif de temps en temps ne m'empêchera pas de dormir. (2 points)
o Un professeur de Harvard a fait l'éloge de l'art de l'imprécision et du tâtonnement systématique. C'est la raison pour laquelle, de mon côté, je m'arrange pour prendre le moins d'engagements possible. (3 points)

RESULTATS DU TEST
Les analyses de Robert Papin

DE 20 À 30 POINTS

Vous possédez probablement beaucoup d'atouts pour créer une entreprise, satisfaire vos motivations et tirer profit de vos qualités. Évitez toutefois de penser que c'est déjà gagné, sinon vous serez tenté de vous prendre pour un surdoué du management, de vous griser dans la résolution de mille difficultés quotidiennes, d'oublier de donner des responsabilités à vos collaborateurs et, comme le disait si bien Detoeuf*, de devenir « une machine à broyer du travail qui se fausse quand elle s'arrête et ne s'arrête pas toujours quand elle est faussée ».

DE 30 A 50 POINTS

Réfléchissez soigneusement aux avantages et aux inconvénients de la création d'entreprise avant de vous lancer dans l'aventure Si, après vous être lancé, vous étiez tenté de tout laisser tomber, vous seriez affaibli et vous constitueriez une proie facile pour vos concurrents. De nombreux patrons ont accédé au sommet de la hiérarchie en exerçant des responsabilités au sein d'une PME ou d'une grande entreprise. D'autres ont préféré reprendre une entreprise. Si vous voulez devenir votre propre patron, tous les espoirs vous sont donc permis. Vous savez d'ailleurs qu'il n'existe pas de profil type du créateur d'entreprise et ce test n'avait qu'un seul but : vous inciter à mieux vous connaître vous-même.

PLUS DE 50 POINTS

La création d'entreprise est une course d'obstacles et certains sont redoutables. À la fin de leur carrière, beaucoup de patrons se sont demandé s'ils n'étaient pas passés à côté du bonheur. Ne soyez pas de ceux-là. Si vous estimez que le prix à payer pour créer est trop élevé, vous êtes un sage. Et si vous n'avez pas d'autre solution que de créer une entreprise pour assurer votre survie, alors allez-y sans hésiter. Et si vous avez rempli ce test en répondant n'importe quoi, alors je n'ai probablement pas perdu mon temps en vous amusant !

---

* Auguste Detoeuf (1883-1947). Ancien polytechnicien, industriel et essayiste français.

Charges sociales et fiscales sur les salaires

Charges	Taux en % Employeur	Salarié	Total	Assiette mensuelle
Assurance maladie	12,80	0,75	13,55	Totalité du salaire
Assurance vieillesse : plafonnée / déplafonnée	8,30/1,60	6,65/0,10	14,95/1,70	0 à 2 946 € Totalité du salaire
Allocations familiales	5,40		5,40	Totalité du salaire
Accident du travail	Taux variable selon le risque de l'entreprise			Totalité du salaire
Aide au logement (FNAL) Supplément pour les entreprises de 20 salariés et +	0,10 0,50		0,10 0,50	0 à 2 946 € Totalité du salaire
Taxe prévoyance complémentaire Entreprise à partir de 10 salariés	8		8	Montant des cotisations patronales de prévoyance
Pôle emploi	4,00	2,40	6,40	0 à 11 784 €
APEC (pour les cadres)	0,036	0,024	0,06	0 à 11 784 €
Fonds National des Garanties de Salaires	0,30		0,30	0 à 11 784 €
AGFF non-cadres : - tranche 1 - tranche 2	1,20 1,30	0,80 0,90	2,00 2,20	0 à 2 946 € 2 946 € à 8 838 €
AGFF cadres : - tranche A - tranche B Dû aussi par les mandataires sociaux gérant minoritaires ou égalitaires SARL, PDG de SA...)	1,20 1,30	0,80 0,90	2,00 2,20	0 à 2 946 € 2 946 € à 8 838 €
Retraite complémentaire ARCCO (entreprise nouvelle) : - non-cadres (minimum) - non-cadres - cadres (minimum)	4,50 12,00 4,50	3,00 8,00 3,00	7,50 20,00 7,50	0 à 2 946 € 2 946 à 8 838 € 0 à 2 946 €
Retraite des cadres AGIRC : - sur tranche B - sur tranche C Contribution Except. et Temporaire	12,6 répartition 0,22	7,7 libre 0,13	20,30 20,30 0,35	2 946 € à 11 784 € 11 784 € à 23 568 € 0 à 23 568 €
Prévoyance cadre (minimum)	1,5		1,5	0 à 2 946 €
Taxe d'apprentissage	0,50		0,50	Totalité du salaire
Contribution supp à l'apprentissage (entrep. de 250 sal. et + sous conditions)	0,10			Totalité du salaire
Contribution au développement de l'apprentissage	0,18			Totalité du salaire
Contrib. de solidarité pour l'autonomie	0,3		0,3	Totalité du salaire
CSG		7,50	7,50	Sur 97 % du salaire dans la limite de 141 408 € puis sur la totalité du salaire
CRDS		0,50	0,50	
Uniquement pour les entreprises de 10 à 20 salariés				
Formation professionnelle	1,05		1,05	Totalité du salaire
Versement de transport	variable		variable	Totalité du salaire
Uniquement pour les entreprises de – de 10 salariés				
Formation professionnelle	0,55		0,55	Totalité du salaire
Uniquement pour les entreprises de 20 salariés et +				
Formation professionnelle	1,60		1,60	Totalité du salaire
Effort de construction	0,45		0,45	Totalité du salaire
Versement de transport	variable		variable	Totalité du salaire
Uniquement pour les entreprises avec CDD				
Formation professionnelle	1 %		1 %	Salaire CDD
Pour toutes les entreprises				
Taxe sur les salaires	4,25 8,50 13,60		4,25 8,50 13,60	0 à 7 604 € 7604 € à 15 185€ au-delà de 15 185€

*chiffre à jour pour 2011 non connu pour 2012.

Cotisations sociales des professions libérales*

Détail	Taux	Base de calcul
CSG	7,5 %	(7,5 %+0,5 %) x (R+cotisations sociales personnelles)
CRDS	0,5 %	
Allocations familiales	5,4 %	Totalité du revenu professionnel
Assurance maladie-maternité	6,5 % 5,90 %	Dans la limite de 35 352 € en 2011 De 35 352 € à 176 760 €
Formation professionnelle	0,15 %	Plafond de la Sécurité sociale (soit 35 352 € pour 2011)
Assurance vieillesse de base	8,6 % 1,6 %	Du revenu professionnel jusqu'à 85 % du plafond Sécurité sociale du revenu professionnel entre 85 % du plafond Sécurité sociale et 5 fois le plafond de la Sécurité sociale Sauf certaines activités
Régime vieillesse complémentaire	Variable en fonction de l'activité exercée	
Assurance invalidité décès	Forfait variable en fonction de l'activité exercée	

Soit environ : 35 %
* Chiffres à jour de 2011, non connus pour 2012

Cotisations sociales des artisans pour 2011

Régime de protection sociales	Taux de cotisations	Base de calcul Provisions 1ère année	Cotisations annuelles 1ère année civile (12 mois d'activité)	Cotisations 1ère année ACCRE ou exo salarié créateur
Caisse maladie Maladie Maternité	7,20 %*	18 fois la base mensuelle de calcul des prestations familiales*	504 €	Exonéré
Caisse de Retraite Retraite de base Invalidité décès Retraite complémentaire	16,65 % 1,80 % 7,20 %	18 fois la base mensuelle de calcul des prestations familiales* 1/3 du PSS* 1/3 du PSS*	1 166 € 208 € 831 € Total : 2 205 €	Exonéré Exonéré 831€
URSSAF Allocations familiales CSG (déductible) CSG (non déductible) RDS (non déductible)	5,40 % 5,10 % 2,40 % 0,50 %	18 fois la base mensuelle de calcul des prestations familiales*	378 € 357 € 168 € 35 € Total : 938 €	AF : Exonéré 357 € 168 € 35 €
TOTAL	46,25 %	Total provisions 1ère année	3 647 € (environ 304 € / mois sur 12 échéances)	1 391 €

*P.S.S. : Plafond Annuel de la Sécurité Sociale au 01/01/11 = 35 352 € (2011)
P.S.S. : Plafond Mensuel de la Sécurité Sociale au 01/01/11 = 2 946 € (2011)
Base mensuelle de calcul des prestations familiales = 395,04 € (2011)

Le régime d'imposition de l'entreprise

Le régime d'imposition d'une entreprise s'effectue en fonction du choix de l'entrepreneur mais aussi du chiffre d'affaires annuel prévisionnel de l'entreprise.

		Activité commerciale ou artisanale	Activité libérale
Régime Micro Entreprise individuelle Uniquement (y compris auto-entrepreneurs)	Activité d'achat/vente de fournitures de denrées à emporter ou à consommer sur place et fournitures de logement	CA< ou = 81 500 € HT	
Si activité artisanale ou commerciale, option possible pour : - régime réel normal - régime réel simplifié Si activité libérale, option possible pour : - régime de la déclaration contrôlée	Autres prestations de Services	CA< ou = 32 600 € HT	CA > 32 600 € HT
Régime Réel simplifié **ou** **Régime de la déclaration contrôlée pour les professions libérales**	Activité d'achat/vente de fournitures, de denrées à emporter ou à consommer sur place et de fournitures de logement	Jusqu'à 777 000 € HT	
Activité artisanale ou commerciale, option possible pour : - régime réel normal	Autres prestations de Services	Jusqu'à 234 000 € HT	CA > 32 600 € HT
Réel normal	Activité d'achat/vente de fournitures de denrées à emporter ou à consommer sur place et fournitures de logement	CA> 777 000 € HT	Non accessible
	Autres prestations de Services	CA> 234 000 € HT	

Trucs et astuces pour bien démarrer

Voici quelques informations complémentaires pour réussir dans les meilleures conditions votre création :

- Il faut savoir que le chef d'entreprise, grâce aux modalités de la loi Madelin, peut obtenir une mutuelle qui sera prise en charge par la société.
- La comptablité relève le plus souvent du rôle de l'expert-comptable, mais elle est parfois en plus vérifiée par un organisme appelé Centre ou une Association de Gestion Agréée. Ces CGA ou AGA peuvent vous aider dans différents domaines :

  → Réaliser un dossier de gestion à partir de vos éléments comptables.

  → Dans certains cas, tenir et présenter vos documents comptables.

  → Réaliser vos déclarations fi scales si vous lui fournissez les documents adaptés.

En contrepartie, vous bénéfi cierez d'avantages fi scaux (ces avantages ne s'appliquent qu'aux structures imposées à l'IR avec un régime réel d'imposition) :

  → Non application d'une majoration de 25 % du bénéfice imposable.

  → Possibilité de déduire le salaire du conjoint.

  → Une réduction d'impôts dans certains cas.

- **Avez-vous pensé à :**

  → faire connaître la société à la Poste,

  → vérifi er la disponibilité du nom, de la marque et le cas échéant les protéger auprès de l'INPI (Institut National de la Propriété Industrielle – www.inpi.fr),

  → réserver le nom de domaine pour un site internet,

  → faire adhérer la société à une caisse de retraite

complémentaire des salariés (même si aucune embauche n'est prévue dans l'immédiat),

→ assurer la société (responsabilité civile, perte d'exploitation, assurance dommages...) et ses dirigeants

→ acheter les livres réglementaires auprès des librairies spécialisées (registre des assemblées, registre unique du personnel, livre d'inventaire, livre journal...)

→ adhérer à un centre de médecine du travail pour les salariés.

Dossier

Préparer son Business plan

Préparer son Business plan

Lorsque vous aurez finalisé votre Business plan, vous serez prêt à vous adresser à une structure de financement (plateforme d'initiative locale, banque...). Il s'agit donc qu'il soit le plus complet possible et doit comporter :

- La présentation du porteur du projet et de ses associés
- La description des produits et/ou services
- Le marché
- La stratégie commerciale
- Le chiffre d'affaires prévisionelle
- Les moyens à mettre en œuvre
- Le montage juridique
- Les sources de financement
- La reprise d'activité
- Les tableaux financiers

Voici un exemple de ce que votre Business plan devra mentionner.

La présentation générale du Business plan

Activité : ❒ Création ❒ Reprise

Dossier présenté par :..

Nom de la société :..

Forme juridique :..

Activité :...

Lieu d'implantation du siège social :..

La présentation du porteur du projet

ETAT CIVIL

❒Célibataire ❒Marié(e) ❒Vie Maritale ❒Pacsé(e)
❒Divorcé(e) ❒Veuf (ve)

Nombre de personnes à charge (y compris les enfants, en précisant leur âge) : ....

Régime matrimonial : ....

SITUATION DE FAMILLE

Nom : ....Prénom : ....
Adresse...
....
Code Postal : ....Ville : ....
Date de naissance : ....../......../...........
Lieu de naissance : ....
N° tél. fixe : ....N° tél. portable : ....
N° Fax : .... E-mail : ....

COMPETENCES PROFESSIONNELLES

Diplômes / expérience professionnelle (autodidacte, diplômes obtenus, niveau d'étude)? *(Détail sur le Curriculum Vitae en annexe)*

....

Avez-vous suivi une formation en rapport avec votre projet de création d'entreprise ? Si oui, précisez-en la date, la nature et la durée.

....

Expérience professionnelle (ne citer que les expériences valorisantes par rapport à votre projet) ?

....

Quelles compétences pensez vous détenir pour être un dirigeant d'entreprise (gestion, ressources humaines, commercial, ...) ?

....

Description succincte de votre projet : de quoi s'agit-il ? (quoi, avec qui, où...)..

Quelques chiffres clés sur le projet (investissements, ca prévisionnel ...)

....

Quelle est l'origine de l'idée ? ....
Quelles sont vos motivations ?...
Votre activité est-elle soumise à des contraintes réglementaires ?

❒Oui ❒Non

Quelle est la législation en vigueur ? (permis, assurances, diplômes, agréments...) : ....

Descriptions des produits et/ou services

PRODUITS/SERVICES

Description précise de votre produit ou de votre service : (caractéristiques, gamme, positionnement par rapport aux concurrents, etc. ...)

....

Est-ce un produit / service innovant ? ❒Oui ❒Non

En quoi ? ....

Valeur ajoutée apportée : quelle place occupera le produit par rapport à celui des concurrents ?

Quels sont les avantages concurrentiels ?...

Le marché

LE MARCHE ET SON EVOLUTION

Sur quel marché vous situez-vous ? (exemple : esthétique, restauration, services à l personne...)..

Donnez une idée de l'ampleur de ce marché, son évolution depuis quelques années et ses perspectives (pour répondre à ses questions, utilisez les études sectorielles, les statistiques et autres sources documentaires ...)

....

Le marché que vous visez est-il fortement concurrentiel ?

....

Quelle cible visez-vous ? Quel secteur de ce marché ?

....

Sur quelle zone géographique (locale, régionale, nationale, européenne, internationale) ? ....

ZONE D'IMPLANTATION DE L'ENTREPRISE

Adresse : ....

Localisation : ❒Centre ville ❒Centre commercial ❒Zone industrielle ❒ Quartier en politique de la ville (ZFU-ZUS) ❒ Pépinière/hôtel d'entreprise ❒ Zone rurale ❒ Domicile personnel

Atouts de cette implantation :

Intérêts	Inconvénients

Superficie des locaux et parking : .... Surface totale : ....

Superficie de vente : .... Superficie de réserve : ....

Possibilité de parking clientèle ? : ❒ Oui ❒ Non

Etat des lieux succinct (précisez si des aménagements internes sont à réaliser, nature et montant) : ....

	Montant HT
Loyer mensuel+ charges	
Dépôt de garantie	
Droit au bail ou droit d'entrée	
FRais d'agence ou de notaire	
Aménagement intérieur	
Aménagement de sécurité	
Autre	

Moyens d'acquisition : ❐ Location ❐ Crédit-bail ❐ Achat ❐ Apport ❐ Construction ❐ Disposition gratuite ❐ Autre : ....
Quel est le type de contrat signé ? Quel est l'état d'avancement des négociations ? Exemples : bail précaire, bail commercial, propriétaire des murs...

ANALYSE DE LA CLIENTELE

Identifier la clientèle

Clientèle localisée (étude d'une zone de chalandise), clientèle identifiable (à l'aide de fichiers), ou clientèle diffuse (difficilement quantifiable). Connaissez-vous cette clientèle (existence d'un portefeuille client, relationnel) : ....

Type de clientèle et répartition en pourcentage du marché :

Clientèle cible	Répartition (en % du CA)
Particuliers	
Entreprises	
Collectivités	
Grossistes	
Autres	

Connaissez-vous ses habitudes de consommation, ses attentes ?
....

Avez-vous eu des contacts avec des clients potentiels ? Pour quel résultat ? *(Pensez à joindre en annexe les lettres d'intentions obtenues)* ....
....

Modes de règlement de vos clients (acompte de %, paiement à x jours, par traite...) : Particuliers : ....Professionnels : ....Collectivités : ....
Grossistes : ....Autres : ....

FOURNISSEURS/SOUS TRAITANTS

Matières premières et approvisionnement

Quel est votre mode d'approvisionnement ? (choix de la qualité, détermination des volumes annuels par matière première, choix du ou des fournisseurs) : ....

Les stocks

Quel est le montant de départ ? ....

Quel est le montant moyen ? ....

Quelle est le délai de rotation du stock ?...

La sous-traitance

Quelle est la part des sous-traitants dans votre activité propre ?

Travaux soustraités	Nom du soustraitant	Charges mensuelles estimées

Précisez les conditions de règlement négociées : (délais de paiement, règlement immédiat ou en plusieurs fois ...) :

Sous-traitants	Conditions de règlement

Autres remarques (autres renseignements nécessaires à la compréhension de votre dossier) : ....

CONCURRENTS

Qui sont vos principaux concurrents (directs et indirects) ?

....

Nom	Commune d'implantation	Chiffre d'affaires *	Prix pratiqués	Points forts	Points faibles

Vous pouvez trouver ces informations sur infogreffe, société.com, etc.

Comment se font-ils connaître ? ....

Quels sont vos points forts et vos points faibles par rapport à vos concurrents ?

+	–

La stratégie commerciale

POLITIQUE DE PRIX

Comment déterminez-vous le prix de vente ?..
Quelle est votre politique de prix ? (prix pratiqués par produit et positionnement pour rapport aux prix de la concurrence) :..........................

POLITIQUE DE VENTE/DISTRIBUTION

Comment allez-vous vendre ?..
Quel est votre circuit de distribution ? (internet, catalogue, vente directe, grossistes,intermédiaires…) : ....
Disposez-vous d'une force de vente interne et/ou externe ? ....
Vendez-vous : ❒ Seul ❒ Vendeur salarié ❒ VRP
❒ Autre : ....

POLITIQUE DE COMMUNICATION

Quels seront vos moyens de prospection (mailings, phoning, visites, foires et expositions …) ?...
Autres éléments commerciaux :...
Comment allez-vous vous faire connaître (publicité directe, médias…) ?
....
Quels sont vos supports de communications *(détaillez-les et précisez le coût de chaque support dans le cadre du plan de communication ci-dessous) :*

Moyens de communications utilisés	Mois 1	Mois 2	Mois 3	…	Mois 12	Coûts
Nom du 1er moyen de communication						
Nom du 2e moyen de communication						
Nom du 3e moyen de communication						

Autres précisions :
....

Chiffre d'affaire prévisionnel

CHIFFRE D'AFFAIRES

Prix de vente, taux horaire ou grille tarifaire :..

Marge(s) pratiquée(s) : ....

Votre activité est-elle soumise à une saisonnalité *(détailler quels sont les mois forts et faibles) ?* ❒ Oui ❒ Non

Si oui, précisez :..

Nombre de jours travaillés dans une année (horaires d'ouverture des magasins/bureaux...) : ....

Calcul du chiffre d'affaires (CA) prévisionnel (Hors Taxes)

Expliquer le détail du calcul CA et les éléments qui permettent de le justifier :..

Prévisionnel du CA	
Année 1	
Année 2	
Année 3	

Pour l'année 1 :

Détail du CA prévisionnel (hors taxes) année 1 :

Détail des activités	CA Mois 1	CA Mois 2	CA ...	CA Mois 12	Totaux
Activité 1					
Activité 2					
Activité ...					

Quel est le montant des commandes client fermes ?.............................. €

Quel est le nombre et le montant des devis ou commandes en cours de négociation ?... €

Quel est votre seuil de rentabilité ? .... €

Eléments d'évaluation du besoin en fonds de roulement (BFR) :

Montant total du stock de marchandises de départ (et précisez la durée de rotation) : .... €

Montant total du stock de matières premières et fournitures : .... €

Délai de règlement de mes fournisseurs : ....

Délai de règlement des clients : ....

Listez les charges à payer au démarrage :

- - -

- - -

Montant total :... €

Trésorerie /fonds de caisse : ....€

LES MOYENS À METTRE EN ŒUVRE

MOYENS HUMAINS

Indiquez les personnes nécessaires à la réussite de votre entreprise (y compris vous-même) :

- Organigramme / Qualifications / Rémunération par salarié

....

	Année 1 (*et à reproduire pour les années 2 et 3*)		
	Nombre	Salaire brut	Charges patronales
- Salaire /Prélèvement de l'exploitant			
- Encadrement			
- Commercial			
- Production			
- Administration			
- Autres			
Total de la masse salariale			

Quels soutiens (autres que financiers) avez-vous obtenus (ou comptez-vous obtenir) ?

....

MOYENS MATERIELS

Présentez le matériel nécessaire au démarrage dont apports en nature :...

Précisez si ce matériel est déjà acquis ou si c'est un besoin d'achat :

Description	Mode de financement (Location/crédit bail/achat)	Montant HT	Date d'acquisition

Montage juridique

Vous démarrez votre activité : ❒ seul (e) ❒ en équipe
Combien de personnes comprend votre équipe ? ....
Quels seront leurs rôles respectifs dans l'entreprise ....
La structure du capital (uniquement pour les sociétés) :.........................
Capital de l'entreprise : .... €
Date de début d'activité de la société : ....
Imposition choisie (IR/IS ...) : ....

Composition des associés :

Nom	Prénom	Lien avec le créateur	% capital	Statuts*

**gérant, gérant minoritaire, gérant salarié, cogérant, associé salarié,...*

FICHE SIGNALETIQUE DE L'ENTREPRISE

Raison Sociale : ....
Adresse : ....
C.P.: ....Ville : ....
Tél : ....Fax : ....
Adresse du siège social, si différent : ....
C.P.: ....Ville : ....
Tél : ....Fax : ....
Forme juridique (SA, SARL, EURL...) : ....
Précisez, en fonction de l'état d'avancement de votre projet :
....
Date d'immatriculation : ....
Date de lancement envisagé : ....
N° SIRET : ....Code APE : ....

Situation du ou des porteurs du projet

Vous êtes : ❒Salarié(e) ❒Indépendant ❒Etudiant
❒Retraité(e) ❒Rmiste
❒Demandeur d'emploi, précisez si :
❒DE Indemnisé ❒DE Non Indemnisé
❒Autres, précisez : ....
Si demandeur d'emploi indemnisé, précisez la nature et le montant :
....

Date d'inscription ANPE :................Motif d'inscription :..........................
❒ ARE ❒ RSA ❒ ASS ❒ API ❒ AAH ❒ Autre:............................
Date de départ de l'indemnité :....................Durée de l'indemnité :......
Montant mensuel de l'indemnité :..
Choix de l'aide du pôle emploi : ❒ versement du capital
❒ maintien partiel de l'aide
Votre conjoint : ❒Salarié(e) ❒Indépendant ❒Etudiant
❒Retraité(e) ❒Rmiste
❒Demandeur d'emploi, précisez si :
❒DE Indemnisé ❒DE Non Indemnisé
❒Autres, précisez :...
Si demandeur d'emploi indemnisé, précisez la nature et le montant :
....
Date d'inscription ANPE :................Motif d'inscription :..........................
Date de départ de l'indemnité :....................Durée de l'indemnité :......
Votre conjoint participe-t-il (elle) à votre projet ? ❒ Oui ❒ Non

RESSOURCES DU FOYER (Moyenne mensuelle)

Présentez le matériel nécessaire au démarrage dont apports en nature :..
Précisez si ce matériel est déjà acquis ou si c'est un besoin d'achat :

	Créateur	Conjoint	Total
Revenu professionnel mensuel en net			
Retraite			
Pôle emploi			
Pensions			
RSA			
Prestations familiales			
Aides au logement			
Allocations diverses			
Autres			
Total A			

CHARGES BUDGETAIRES ET ENDETTEMENT EVENTUEL DU FOYER

	Créateur	Conjoint	Total
Loyer			
Crédit consommation			
Crédit automobile			
Crédit immobilier			
Pension alimentaire			
Prestations familiales			
Crédit Revolving			
Autres :			
Total B			

Total reste à vivre (Total A-Total B) : ....

LE LOGEMENT

❒Locataire ❒Propriétaire ❒Hébergé à titre gratuit
❒Dans un foyer ou un hôtel ❒Autre, précisez : ....

Les sources de financement

FINANCEMENT BANCAIRE

Prêt(s) bancaire(s)	Prêt classique	P.C.E.	Autre prêt
Organisme			
Montant			
Durée			
Taux			
Montant des mensualités			
Garantie			
Demandé	❒oui ❒non	❒oui ❒non	❒oui ❒non
Avancement	❒accordé ❒en négociation ❒prévu	❒accordé ❒en négociation ❒prévu	❒accordé ❒en négociation ❒prévu

AUTRES FINANCEMENTS (NACRE, Agefiph, prêt familial ...)

Type d'aide	Orga-nisme	Montant	Prévu	En négo-ciation	Accordée
Prêt d'honneur					
Prêt NACRE					
Crédit vendeur					
Subvention : - -					
Autres : - -					

REPRISE D'ACTIVITÉ

	Cédant(s)	Repreneur(s)
Raison sociale		
Activité		
N° SIRET		
Code APE		
Dirigeant		
Siège social		
Forme juridique		
Répartition du capital		
Date de création		
Cause de la cession/motif de la reprise		
Date de signature de la promesse de vente et date de reprise envisagée		
Informations relatives au bail : date de signature etc.		
CA prévu la première année : CA 2010 : CA 2009 : CA 2008 :		
Résultat d'exploitation 2010 : 2009 : 2008 :		

LES SOURCES DE FINANCEMENT

PRIX DE CESSION

Prix de cession global :..

Mode d'évaluation du prix :

	Valeur des éléments repris
Fonds de commerce	
Immobilisations corporelles	
Immobilisations incorporelles	
Parts sociales	
Stock repris	
Trésorerie disponible	

Effectif	N-2	N-3	Avant la reprise (cédant)	Après la reprise (repreneur)	N+1	N+2
Nombre d'associés						
Dont associés impliqués dans l'activité						
Salariés						
Autres : - - -						

Autres précisions :..

Les sources de financement

TABLEAUX FINANCIERS

Vous avez élaboré votre plan d'affaire, il convient maintenant d'y adjoindre votre dossier financier, soit de traduire en chiffre l'ensemble des choix décrits précédemment.

Ainsi, les comptes prévisionnels permettront d'en faire une projection pertinente e suffisamment lisible : 3 ans.

1. Le plan de financement fait état des besoins de démarrage et des ressources à réunir pour pouvoir démarrer son projet dans les meilleures conditions.

La question à se poser est : « De quoi ai-je besoin pour démarrer ? »

2. Le compte de résultat permet de juger au vu des écarts entre les charges et produits dégagés par l'entreprise, de sa rentabilité future. Le compte de résultat est établi sur 3 ans.

La question à se poser est : « Puis-je en vivre ? »

3. Le plan de trésorerie présente tous les encaissements et décaissements prévus la première année et ventilés mois par mois.

La question à se poser est : « La trésorerie sera-t-elle suffisante ? »

CONSEILS

Vous avez finalisé votre business plan, vous êtes prêt maintenant à :

1.Vous adresser à une structure de financement (plateforme d'initiative locale, banque...).

Dans ce cas, n'oubliez pas :

- de vous adresser au(x) organismes concerné(s) afin de connaître la liste des pièces complémentaire à fournir,
- de vous préparer à la présentation de votre projet pour convaincre votre ou vos interlocuteurs,
- de solliciter les conseils du conseiller qui vous a suivi dans le montage de votre dossier.

2. Et/ou tout simplement à donner vie à votre entreprise.

Pour se faire :

- Prenez contact avec le centre de formalité compétent pour votre activité (Chambre de commerce et d'industrie de l'Essonne, Chambre des métiers et de l'Artisanat, URSSAF...) ; afin d connaître les pièces justificatives à réunir et les démarches à suivre.
- N'oubliez pas de déposer en amont ou lors de votre création et/ou reprise votre dossie d'aide.
- Et enfin ne restez pas isolé, pensez à l'accompagnement post création, au parrainage et/ou clubs de jeunes entreprises.

Sigles et abréviations

ACCRE : Aide aux chômeurs créateurs ou repreneurs d'entreprises
ADIE : Association pour le droit à l'initiative économique
AFIC : Association française des investisseurs en capital
AFNIC : Association française pour le nommage internet en coopération
ANPE : Agence nationale pour l'emploi
APCE : Agence pour la création d'entreprises
APCM : Assemblée permanente des chambres de métiers et de l'artisanat
APEC : Association pour l'emploi des cadres
API : Allocation de parent isolé
ARE : Aide au retour à l'emploi
AVISE : Agence de valorisation des initiatives socio-économiques
BDPME : Banque de développement des PME (désormais OSEO)
BIC : Bénéfices industriels et commerciaux
BNC : Bénéfices non commerciaux
BtoB : *Business to Business*
BtoC : *Business to Consumer*
CA : Chiffre d'affaires
Canam : Caisse nationale d'assurance maladie des professions indépendantes
CAPE : Contrat d'appui au projet d'entreprise
CCI : Chambre de commerce et d'industrie
CDC : Caisse des dépôts et consignations
CFE : Centre de formalités des entreprises
CGA : Centre de gestion agréé
CJD : Centre des jeunes dirigeants
CLEFE : Club local d'épargne pour les femmes qui entreprennent
CNDIFF : Centre national d'information et de documentation des femmes et des familles
CRDS : Contribution au remboursement de la dette sociale
CSG : Contribution sociale généralisée
DGI : Direction générale des impôts
DLF : Direction de la législation fiscale
EDEN : Encouragement au développement d'entreprises nouvelles
EURL : Entreprise unipersonnelle à responsabilité limitée
FCGA : Fédération des centres de gestion agréés
FFCGEA : Fédération française des centres de gestion et d'économie de l'artisanat
FGES : Fonds de garantie pour la création, la reprise ou le développement des entreprises solidaires
FGIF : Fonds de garantie pour la création à l'initiative des femmes
FICP : Fichier des incidents de remboursement des crédits aux particuliers
FIR : France initiative réseau
FRE : Fonds de revitalisation économique
GIEE : Groupement d'intérêt économique européen
HT : Hors taxes
IFA : Impôt forfaitaire annuel
IFCIC : Institut pour le financement du cinéma et des industries culturelles
INPI : Institut national de la propriété industrielle
INSEE : Institut national de la statistique et des études économiques
IR : Impôt sur le revenu
IS : Impôt sur les sociétés
ISF : Impôt de solidarité sur la fortune
JEI : Jeune entreprise innovante
LBO : Leverage Buy Out
LEE : Livret d'épargne entreprise
MBI : *Management Buy In*
MBO : *Management Buy Out*

OCDE : Organisation de coopération et de développement économique
OPCA : Organisme public collecteur agréé
PEA : Plan d'épargne en actions
PEE : Plan d'épargne entreprise
PERCO : Plan d'épargne retraite collectif
PCE : Prêt à la création d'entreprise
PRE : Prêts à la reprise d'entreprise
PFIL : Plateforme d'initiative locale
PME : Petite et moyenne entreprise
RACINE : Réseau d'accompagnement des créations et initiatives avec une nouvelle épargne de solidarité
RES : Reprise de l'entreprise par les salariés
RMI : Revenu minimum d'insertion
RSI : Régime social des indépendants
SA : Société anonyme
SARL : Société à responsabilité limitée
SAS : Société par actions simplifiée
SCI : Société civile immobilière
SCIC : Société coopérative d'intérêt collectif
SCOP : Société coopérative ouvrière de production
SINE : Système d'information sur les nouvelles entreprises
SMIC : Salaire minimum interprofessionnel de croissance
TPE : Très petite entreprise
TNS : Travailleur non-salarié
TVA : Taxe sur la valeur ajoutée
UNICER : Union nationale des investisseurs en capital pour les entreprises régionales
VIE : Volontariat international en entreprise
ZFU : Zone franche urbaine
ZRR : Zone de revitalisation rurale
ZUS : Zone urbaine sensible

Index

Achevé d'imprimer en octobre 2012
sur les presses de Corlet imprimeur
à Condé-sur-Noireau (14)

Dépôt légal : octobre 2012
ISBN : 978-2-84724-436-6